Eduard von Hartmann

Das Ding an sich und seine Beschaffenheit

Kantische Studien zur Erkenntnisstheorie und Metaphysik

Eduard von Hartmann

Das Ding an sich und seine Beschaffenheit
Kantische Studien zur Erkenntnistheorie und Metaphysik

ISBN/EAN: 9783743648548

Hergestellt in Europa, USA, Kanada, Australien, Japan

Cover: Foto ©Thomas Meinert / pixelio.de

Weitere Bücher finden Sie auf **www.hansebooks.com**

Das Ding an sich

und

seine Beschaffenheit.

————•—•——

Kantische Studien

zur Erkenntnisstheorie und Metaphysik

von

E. v. Hartmann.

Berlin,
Carl Duncker's Verlag
(C. Heymons).
1871.

I.
Die subjektive Erscheinung.

Kant lehrt, dass alles, was wir wahrnehmen und denken, unter den Formen der Räumlichkeit, der Zeitlichkeit und der Kategorien steht, welche nur subjektive Anschauungs- und Denkformen, aber nicht Formen der Dinge an sich seien. Hiernach ist alles Wahrgenommene Erscheinung, und es ist der Fehler des vorkantischen Realismus, diese äusseren Erscheinungen zu Dingen an sich zu hypostasiren, oder dasjenige, was nur Modificationen unserer Sinnlichkeit ist, zugleich als „ausser uns für sich bestehende Dinge anzusehen" (Kant's Werke ed. Rosenkranz Bd. II. S. 308, 388). Schon Berkeley hatte dargethan, dass alles Wahrnehmen ganz ebenso subjektive Affection sei wie das Empfinden von Lust und Schmerz. Dies hält Kant fest. Er schärft immer von Neuem ein, dass die Erscheinungen, auch die, welche wir in Folge ihrer Räumlichkeit „äussere Gegenstände" nennen, nur Vorstellungen, nichts als Vorstellungen, blosse Vorstellungen sind (II. 207, 297—8, 301—2, 389—90), und als solche „gar nicht ausser unserm Gemüth existiren können" (389), sondern nur in uns (298, 300), nur in unserm Wahrnehmungsact, oder sonst nirgends angetroffen werden (390). Ebenso ist die Materie, welche sonst als das eigentlich Reale an den hypostasirten äusseren Gegenständen gilt, „lediglich ein Gedanke in uns" (307), blosse Vorstellung (309), da auch sie nur Erscheinung in der subjektiven Anschauungsform der Räumlichkeit ist. Es versteht sich von selbst, „dass, wenn ich das denkende Subjekt wegnehme, die ganze Körperwelt wegfallen muss, als die nichts ist, als die Erscheinung in der Sinnlichkeit unseres Subjekts und eine Art Vorstellungen desselben" (306).

Es geht hieraus unmittelbar hervor, dass alle Wirklichkeit oder Realität der Erscheinung auf der Wirklichkeit des subjekti-

ven Vorstellungsaktes beruht, dessen Inhalt sie ist, dass also die
Erscheinung nur subjektive Realität hat. So spricht Kant von
der subjektiven Realität der Zeit (45), der Kategorien (273) und
überhaupt der Vorstellungen in uns (167), und stellt an letzterem
Orte selbst das Problem auf: „Wie kommen wir nun dazu: dass
wir diesen Vorstellungen ein Objekt setzen, oder über ihre
subjektive Realität, als Modificationen" (unserer Sinnlichkeit),
„ihnen noch, ich weiss nicht was für eine, objektive beilegen?".
Es ist dies die Kardinalfrage jeder Erkenntnisstheorie. Es ist
höchst lehrreich, die Bemühungen Kant's zu ihrer Lösung ein-
gehend zu betrachten; denn wenn schon die neueste deutsche
Philosophie alle ihre grossen Wahrheiten und grossen Irrthümer
auf Ideenkeime bei Kant zurückführen kann, so ist dies in erhöh-
tem Maasse hinsichtlich der Erkenntnisstheorie der Fall, auf welche
ja Kant's theoretische Philosophie sich im Wesentlichen beschränkt
hat. Niemand hat die Probleme mehr in ihrer Tiefe aufgewühlt;
niemand ist deshalb ferner von jener glatten Widerspruchslosig-
keit der Form, hinter welcher meistens nur die Oberflächlichkeit
eine unbedeutende Weisheit in Paragraphen ordnet; — mehr als
irgend ein bahnbrechendes Genie hat er die hohe Selbstverläug-
nung besessen, die Widersprüche in seiner Lehre stehen zu lassen,
die er noch nicht anders als auf Kosten wohlberechtigter Gedanken-
elemente zu beseitigen gewusst hätte.

Kant sagt einmal, dass die Wirklichkeit der Erscheinungen
(Materie und körperlicher Dinge) „auf dem unmittelbaren Bewusstsein ebenso wie das Bewusstsein meiner eigenen Gedanken
beruht" (398). Man könnte zunächst denken, dass es sich hier
nur um die oben erwähnte subjektive Realität der Erscheinungen
als unserer Vorstellungen, handelt. Aber diese Realität interes-
sirt keinen Menschen, da sie den Phantasiegebilden ganz in derselben Weise zukommt. Der Zusammenhang zeigt, dass es sich
in der That darum handelt, die mehr als subjektive Realität aus
der Pistole zu schiessen. Das „unmittelbare Bewusstsein" wäre
in diesem Falle das instinctive Bewusstsein, welches in naiv-rea-
listischer Weise seine Vorstellungen zu Dingen hypostasirt. Aber
dieses unmittelbare Bewusstsein ist ja durch Kant hinsichtlich
seiner Unmittelbarkeit ad absurdum geführt, und ob der Instinct
ein mittelbares Recht zu seinem Real-setzen der Vorstellungen

hat, das ist eben die Frage, die nicht mehr durch Berufung auf
das unmittelbare Bewusstsein entschieden werden kann. In diesem
Sinne ist also die folgende Behauptung falsch: „Alle äussere
Wahrnehmung also beweist unmittelbar etwas Wirkliches im
Raume oder ist vielmehr das Wirkliche selbst" (300); denn
es ist eine Selbsttäuschung, zu meinen, dass die subjektive Wirklichkeit, welche unmittelbar genommen allein und ausschliesslich der
Erscheinung und Wahrnehmung zukommt, irgend etwas mit derjeni-
gen Wirklichkeit zu thun habe, für die der Mensch sich allein in-
teressirt, und welche die Wahrnehmung von der Erdichtung unterscheiden soll. Nun und nimmermehr ist die Wahrnehmung das
Wirkliche selbst, sondern doch höchstens „die Vorstellung
einer Wirklichkeit" (299). Kein Mensch fragt nach einer Wirklichkeit der körperlichen Dinge, welche rein subjektiv ist und
mit dem Gedanken, dessen Inhalt sie ist, steht und fällt.
Die „Subreption" einer mehr als subjektiven Wirklichkeit für diese
rein subjektive, welche Kant sich hier zu Schulden kommen lässt,
ist der eigentliche Grundfehler Berkeley's, nur mit dem Unterschiede, dass Kant diesen Fehler, der in sein ganzes System gar
nicht hineinpasst und vielfach an anderen Stellen seine Widerlegung findet, nur einmal gelegentlich und nebenbei sich zu Schulden kommen lässt, ohne aus ihm irgend welche Consequenzen zu
ziehen, während er bei Berkeley die Grundlage des ganzen Systems bildet. Kant hat überdies diesen Fehler in der zweiten
Auflage ausgemerzt, ohne dadurch den streng idealistischen Charakter seines Systems zu beeinträchtigen, wie Schopenhauer, der
in diesen Fehler zurückfällt, irrthümlich behauptet (denn die idealistische Doctrin ist unabhängig von der secundären Frage, ob
und in welchem Sinne die subjektive Wahrnehmung an und für
sich das Prädicat der Realität verdiene).

Der Grund für den instinctiven Glauben an eine mehr als
bloss subjektive Realität der Wahrnehmungen ist offenbar ihr
Unterschied von den erdichteten Darstellungen der Einbildungskraft, welche bei manchen Menschen an Lebhaftigkeit jenen
nicht sehr nachzustehen brauchen. „Die Einbildungskraft ist
das Vermögen, einen Gegenstand auch ohne dessen Gegen-
wart in der Anschauung vorzustellen" (746). Nun bin ich mir
häufig bewusst, dass die Produktion der Einbildungskraft von

meinem Willen ausgeht, oft aber aueh nicht, z. B. in Träumen und Hallucinationen. Diess erkennt Kant an und giebt zu (775), dass es solche anschauliche Vorstellungen äusserer Dinge durch die Einbilbungskraft gebe, welche doch nicht die Existenz derselben einschliessen (obwohl sie dieselbe ebenso wie bei der Wahrnehmung einzuschliessen scheinen). Es hilft nichts, dagegen einzuwenden, dass dies doch nur Reproduktionen (oder Combiuationen und Umgestaltungen) ehemaliger Wahrnehmungen seien; die Möglichkeit einer Täuschung des unmittelbaren Bewusstseins über die Existenz des äusseren Gegenstandes bleibt durch die unbewussten Produktionen der Einbildungskraft erwiesen. Dieser Mangel einer Unterscheidung zwischen bewusster und unbewusster Produktion der Einbildungskraft macht Kant's Bemerkung in der Anmerkung zu S. 774 hinfällig. Und doch nennt Kant selbst die Einbildungskraft eine blinde Function der Seele (77), und lässt es an anderer Stelle dahingestellt sein, ob unsere Vorstellungen durch den Einfluss äusserer Dinge entspringen, oder durch innere Ursachen gewirkt sind (93), ja er räumt sogar die Möglichkeit ein, dass es das Subjekt der Gedanken selbst sei, welches durch Vorstellungs- und Willensacte den äusseren Sinn so afficire, dass er die Vorstellungen von Raum, Materie, Gestalt u. s. w. bekommt (288). Wer auch in den bewussten und anscheinend willkürlichen Produktionen der Einbildungskraft das nothwendige Walten psychologischer Gesetze anerkennt, für den verschwindet jede Schwierigkeit für die Anerkennung, dass auch in den nicht mit dem Schein der Willkür behafteten und deshalb wie mit äusserem Zwange sich geltend machenden Produktionen der Seele nicht nur die Form, sondern auch die Materie der Anschauung oder Empfindung durch gesetzmässige Produktion von innen erzeugt sei. Dieser nothwendige Schritt über Kant hinaus war freilich erst Fichte vorbehalten, der aber wieder den Fehler beging, die Ursachen ununtersucht zu lassen, welche die Seele zur unbewussten Produktion der Materie der Anschauung veranlassen.

Für verunglückt muss demnach der Versuch Kant's gelten, für die Wahrnehmung eine unmittelbare Realität durch ihren Unterschied von den Phantasiegebilden erweisen zu wollen (300 oben). In der zweiten Auflage hat Kant die allzuunvermittelte

Gestalt dieser Subreption fallen lassen, aber dafür klammert er sich daselbst einen Augenblick an ein etwas künstlicheres Argument an, das er doch ebenfalls bald dahinter Lügen strafen muss. S. 736 sagt er nämlich, dass „die Einheit des Bewusstseins dasjenige sei, was allein die Beziehung der Vorstellungen auf einen Gegenstand, mithin ihre objektive Gültigkeit, folglich dass sie Erkenntnisse werden, ausmacht", — eine grobe Verwechselung der objektiven Einheit des Gegenstandes und der subjektiven Einheit des Bewusstseins, welche letztere gar nichts mit der ersteren zu thun hat, und selbst ganz disparate Gegenstände in sich vereinigen kann. Er erklärt sich noch näher auf S. 739, wo er sagt, dass das Urtheil (im Gegensatz zu der nur subjektiven Gültigkeit der reproduktiven Einbildungskraft) gegebene Erkenntnisse zur objektiven Einheit der Apperception bringt. Auf S. 754 aber lehrt er uns: „Es ist ein und dieselbe Spontaneität, welche dort unter dem Namen der Einbildungskraft, hier unter dem Namen des Verstandes, Verbindung in das Mannigfache der Anschauung bringt", und zwar in beiden Fällen den Kategorien gemäss (746). Da ist nun wiederum nicht ersichtlich, weshalb dieselbe spontane Synthesis in denselben Gedankenformen hier ein Produkt von nur subjektiver, dort eins von objektiver Gültigkeit zu Stande bringen soll.

Wir kommen zu Kant's drittem Lösungsversuch der Frage: „Wie geht diese Vorstellung wiederum aus sich selbst heraus, und bekommt objektive Bedeutung noch über die subjektive, welche ihr, als Bestimmung des Gemüthszustandes, eigen ist?" (168). Antwort: durch die Nothwendigkeit einer bestimmten und einer Regel unterstellten Art, die Vorstellungen zu verbinden. „Nur dadurch, dass eine gewisse Ordnung in dem Zeitverhältnisse unserer Vorstellungen nothwendig ist", wird ihnen objektive Bedeutung ertheilt (168). Wunderlich über die Maassen fürwahr! Aus zwei Subjektiven (Vorstellungen) wird durch den Hinzutritt eines dritten Subjektiven (Gesetzes, Regel der Verknüpfung) stracks etwas Objektives, mehr als Subjektives! Die Regel der Verknüpfung kann nur subjektiv sein, denn es ist nichts als Subjektives da, worauf sie sich beziehen könnte, und doch soll sie objektiv machen! Kant selbst sagt: „denn Gesetze existiren ebensowenig in den Erscheinungen, — sondern nur relativ auf das Subjekt, dem die Erscheinungen inhäriren, so ferne es Verstand hat, — als die Erscheinungen nicht an sich existiren, sondern nur relativ auf dasselbe Wesen, soferne es Sinne hat" (755). „Die Grundsätze der Modalität sind aber nicht objektiv synthetisch, weil die Prädikate der Möglichkeit, Wirklichkeit und Nothwendigkeit den Begriff, von dem sie gesagt werden, nicht im Mindesten vermehren.... Da sie aber gleichwohl doch immer synthetisch sind, so sind sie es nur subjektiv" (794). Man sieht also, dass sich hier Kant von Neuem der schon oben besprochenen Täuschung hingiebt, wenn er die Erscheinungen darum für mehr als subjektiv hält, weil sie mit dem Gefühl des Zwanges nach einer nothwendigen Regel auf einander folgen, statt scheinbar willkürlich und regellos wie in dem subjektiven Spiel meiner Einbildungen (171). Diese Nothwendigkeit ist eben bei Kant nur eine subjektive, und kann nicht über den Standpunkt der Subjektivität hinausführen.

Der vierte Lösungsversuch Kant's stützt sich auf die Kategorie der Substantialität, wie der vorige auf die der Causalität. „Alle Zeitbestimmung setzt etwas Beharrliches voraus. Dieses Beharrliche kann nicht etwas in mir sein, weil eben mein Dasein in der Zeit durch dieses Beharrliche erst bestimmt werden kann. Also ist die Wahrnehmung dieses Beharrlichen nur durch ein Ding ausser mir und nicht durch die blosse Vorstellung eines Dinges ausser mir möglich" (773). Nun lehrt aber Kant, dass die Kategorie der Substantialität durchaus nur eine subjektive Denkform ohne jede über den Inhalt des Bewusstseins übergreifende Bedeutung ist, woraus hervorgeht, dass wir zwar vermöge der Einrichtung unseres Intellekts gezwungen sind, etwas Beharrliches dem Zeitlauf zu Grunde zu legen, dass aber damit durchaus nichts darüber ausgemacht werden könne, ob jenseits unseres Bewusstseinsinhalts thatsächlich so etwas Beharrliches existire. Gesetzt aber, dem wäre so, so würde doch die Möglichkeit offen stehen, dass dieses meinen Zeitlauf bestimmende Beharrliche ausschliesslich in mir sei; denn nichts hindert, dass dieses mein intelligibles Ich das zeitliche Dasein meines empirischen Ich bestimme, wie Kant auch anderwärts einräumt. Der Nachweis eines in der Wahrnehmung enthaltenen äusseren Beharrlichen ist also gänzlich verfehlt, was Kant auch zu fühlen scheint, da er ihn in der Vorrede (685—6) noch einmal umformt, ohne ihn zu verbessern oder etwas Neues hinzuzufügen. Kein Wunder, dass dieser ganze Versuch verunglücken musste, denn er hatte sich, wie der vorige, auf einen Begriff gestützt, auf eine Kategorie; aber Kategorien sind nach Kant selbst nur logische Functionen (60, 729), subjektive Gedankenformen (782), oder Denkformen (I. 503), welche sich aus Keimen und Anlagen des Verstandes entwickeln, in denen sie vorbereitet liegen (II. 67). Sie sind also einerseits selbst subjektiv, so dass ihre Hinzufügung zur Empfindung diese unmöglich objektiv machen kann; andererseits aber sind sie auch als reine Verstandesbegriffe so zu sagen nur leere Hülsen, die selbst erst der Erfüllung harren (781), also viel zu unreal sind, um etwas an sich nicht Reales real machen zu können. „In dem blossen Begriffe eines Dinges kann gar kein Charakter seines Daseins angetroffen werden", da das Dasein mit allen begrifflichen Bestimmungen gar nichts zu thun hat (188). „So kann die Nothwendigkeit der Existenz niemals aus Begriffen", sondern nur aus Erfahrung erkannt werden (189). „Wenn eine Erkenntniss objektive Realität haben .... soll, so muss der Gegenstand auf irgend eine Art gegeben werden können. Ohne das sind die Begriffe leer, und man hat dadurch zwar gedacht, in der That aber durch dieses Denken nichts erkannt, sondern bloss mit Vorstellungen gespielt. Einen Gegenstand geben, wenn dieses nicht wiederum nur mittelbar gemeint sein soll, sondern unmittelbar in der Anschauung darstellen, ist nichts Anderes, als dessen Vorstellung auf Erfahrungen .... beziehen" (137). „Da keine Vorstellung unmittelbar auf den Gegenstand geht, als bloss die Anschauung, so wird ein Begriff niemals auf einen Gegenstand unmittelbar, sondern auf irgend eine andere Vorstellung von demselben (sie sei Anschauung oder selbst schon Begriff) bezogen" (69). „Also beziehen sich alle Begriffe und mit ihnen alle Grundsätze, so sehr sie auch a priori möglich sein mögen, dennoch auf empirische Anschauungen, d. i. auf data zur möglichen Erfahrung. Ohne dieses haben sie gar keine objektive Gültigkeit, sondern sind ein blosses Spiel, es sei der Einbildungskraft oder des Verstandes, respective mit ihren Vorstellungen." Selbst die reine Anschauung a priori kann doch ihre „objektive Gültigkeit nur durch die empirische Anschauung bekommen, wovon sie die blosse Form ist" (199). So sehen wir uns wiederum auf den allerersten Standpunkt zurückgeworfen, in der Empfindung und Wahrnehmung die objektive Wirklichkeit zu suchen; denn erst wenn sie hier gefunden wäre, könnten die Begriffe an ihr und durch sie objektive Gültigkeit gewinnen. Aber wie wir auch die unmittelbare Anschauung drehen und wenden, sie bleibt doch Modification unseres Anschauungsvermögens, „die sogar bei verschiedenen Menschen verschieden sein kann" (39); wie tief wir in dieselbe eindringen mögen, wir kommen doch über eine immer vollständigere Erkenntniss der Gesetze unserer Sinnlichkeit (49 unten) und unseres Verstandes nicht hinaus, und niemals zu der gesuchten, über die subjektive hinausgehenden (objektiven) Realität.

Dieses Resultat war vorauszusehen; da die anschaulichen wie die begrifflichen Elemente der Erscheinung ebenso subjektiv sind wie die Gesetze ihrer Verknüpfung, so ist und bleibt das ganze Gebiet der Erscheinung subjektiv, und jede Bemühung, ihm unmittelbar eine darüber hinausgehende Realität zu sichern, ist ein stehen gebliebener Rest von jenem Hypostasiren der Erscheinungen, das für den naiven Realismus deshalb verzeihlich war, weil ihm die Subjektivität der Wahrnehmung noch gar nicht, oder doch nicht hinreichend zum Bewusstsein gelangt war. Trotz seiner völlig misslungenen Versuche, eine mehr als subjektive Realität für die Erscheinung und ihre Formen nachzuweisen, thut Kant aber doch immer so, als wenn dieselbe bewiesen wäre, oder aber sich von selbst verstände; denn die empirische Realität, welche er von Zeit und Raum behauptet, will entschieden mehr sein als subjektive Realität (im Vorstellungsakt), was so lange ganz unzulässig ist, als nicht die Möglichkeit eines nicht subjektiven, d. h. vom Subjekt unabhängigen Gegenstandes (Dinges) und einer nothwendigen, zugleich real seienden und bewussten, Beziehung der Vorstellung auf denselben nachgewiesen ist, durch welche allein die Vorstellung wenigstens mittelbar eine mehr als subjektive Realität erlangen und damit zugleich allererst Erkenntniss werden kann (137).

II.

Das transcendentale Objekt.

Nachdem sich die Bemühungen, in der Wahrnehmung unmittelbar eine objektive Realität aufzufinden, als vergeblich erwiesen haben, treten wir dem am Schluss des vorigen Abschnitts angedeuteten Problem näher, ob vielleicht **mittelbar**, durch **Beziehung** der Wahrnehmung auf ein **an und für sich Nichtsubjektives** (vom Subjekt Unabhängiges), der an und für sich subjektiven Erscheinung ein Abglanz des unabhängig Realen zu Theil werden könne, eine Art **indirekter** objektiver Realität aus zweiter Hand. „Man kann allen **Schein** darin setzen, dass die **subjektive** Bedingung des Denkens für die Erkenntniss des **Objekts** gehalten wird" (315). Gesetzt also, es gäbe kein „Objekt an sich" (718) hinter dem „Objekt als subjektive Erscheinung", so wäre dieses letztere **reiner Schein**, falls man sich nicht von dem instinctiven Glauben an ein Objekt völlig losreissen und dadurch die Erscheinung zu einem wahren **Traum** herabzusetzen vermöchte, der dann aber, weil er als Traum gewusst wäre, „weniger als ein Traum" sein würde (103). Man würde die sogenannte „Erscheinung" in abstracto als Traum erkennen, in concreto aber würde sie fortfahren, nothwendiger unzerstörbarer Schein zu sein (wie man z. B. in abstracto dem Mond am Horizont dieselbe Winkelgrösse wie im Zenith zuerkennt, in concreto aber der Schein unzerstörbar ist, dass er am Horizont grösser sei). Der Begriff der Erscheinung setzt ein „Objekt an sich selbst" voraus, zu welchem die qualitative Bestimmtheit der Erscheinung in einer nothwendigen und unzertrennlichen Beziehung stehen muss (208, 718); ohne eine solche Beziehung auf ein objektives Sein verliert der Begriff der Erscheinung seine Bedeutung und geht in den des Scheins über. Es zeigt sich jetzt, dass es ein und dieselbe Frage ist: „Was kann die Erscheinung davor schützen, in blossen Schein zu zerrinnen?" oder: „Wie kann die Erkenntniss eine mittelbare objektive Realität erlangen?" Die Antwort lautet: Durch nothwendige Verknüpfung resp. Beziehung auf ein Objekt an sich (718 Anm.); wir müssen eben den Erscheinungen in Gedanken einen transcendentalen Gegenstand zu Grunde legen (424), die Beziehung auf welchen der Erkenntniss die gesuchte (mittelbare) objektive Realität verleiht (137, vgl. 735). „Alle unsere Vorstellungen werden in der That durch den Verstand auf ein Objekt bezogen, und da Erscheinungen nichts als Vorstellungen sind, so bezieht sie der Verstand auf ein Etwas, als den Gegenstand der sinnlichen Anschauung: aber dieses Etwas ist insofern nur das transcendentale Objekt" (207). „Alle Vorstellungen haben, als Vorstellungen, ihren Gegenstand, und können selbst wiederum Gegenstände anderer Vorstellungen sein. Erscheinungen sind die einzigen Vorstellungen, die uns unmittelbar gegeben werden können, und das, was sich darin unmittelbar auf den Gegenstand bezieht, heisst Anschauung. Nun sind aber diese Erscheinungen nicht Dinge an sich selbst, sondern selbst nur Vorstellungen, die wiederum ihren Gegenstand haben, der also" (da nämlich die Anschauung in der Erscheinung für uns das erste und unmittelbarste ist) „von uns nicht mehr angeschaut werden kann, und daher der nichtempirische Gegenstand = X genannt werden mag. Der reine Begriff von diesem transcendentalen Gegenstande (der wirklich bei allen unseren Erkenntnissen immer einerlei = X ist) ist das, was in allen unsern empirischen Begriffen überhaupt Beziehung auf einen Gegenstand, d. i. objektive Realität verschaffen kann" (100—101). Kann das transcendentale Objekt von uns nicht mehr angeschaut werden, weil es eben jenseits der Anschauung liegen soll (als der Gegenstand, worauf diese sich bezieht), so bleibt nichts übrig, als dass es von uns gedacht werde; kann das, was hinter der Erscheinung angenommen wird, nicht wiederum Erscheinung (Phänomenon) sein, so muss es ein Gedankending (Noumenon) sein (443), wenn es überhaupt noch etwas für uns sein soll. Aber was ist dieses Noumenon, wie ist es näher bestimmt? Keinenfalls durch eine der Kategorien (745). Denn diese sind durchaus nur von empirischem, nicht von transcendentalem Gebrauch (204); sie haben zwar an und für sich eine abstract logische Bedeutung nach Maassgabe der Art von synthetischer Function, welche ihnen zukommt, aber sie haben dieselbe immer nur in Erwartung einer empirischen Anschauung, auf welche sie ihre Function in Anwendung bringen können (128 — 129, 782). Gesetzt auch, es gäbe eine andere als eine sinnliche Anschauung, z. B. eine intellektuelle, so würden doch auf diese die Kategorien keine Anwendung finden (I. 438, II. 742, 744, 784). Beim Noumenon „hört der ganze Gebrauch, ja selbst alle Bedeutung der Kategorien völlig auf" (784). Wendet man die Kategorien auf die sinnliche Anschauung an, so fügt man nur der Modification der Sinnlichkeit eine subjektive Gedankenform hinzu, kommt also über die Subjektivität nicht hinaus; wollte man die Kategorien auf eine nicht sinnliche Anschauung anwenden, so fehlt nicht nur dem Menschen eine solche Anschauung, sondern auch solcher nichtsinnlichen Anschauung die Anwendbarkeit der Kategorien; wendet man die Kategorien gar nicht an, so sind sie leere Gedankenhülsen von einer bloss logischen, aber keinenfalls objektiven Bedeutung. Die Kategorien sind also ganz unfähig, Bestimmungen des transcendentalen Objekts zu sein. Es kann also „weder als Grösse, noch als Realität, noch als Substanz" (234), noch als Ursache, noch als daseiend, noch als möglich gedacht werden, denn alles dies sind nach Kant Kategorien. Nun leuchtet aber ein, dass ein solches unbekanntes Etwas, von dem ich gar nichts Positives aussagen kann, eben nur ein grammatikalisches Subjekt ohne Prädikate, die Aufgabe zu einem Begriff mit Ausschluss jedes Inhalts ist. Eine solche Aufgabe muss jeder Mensch als sinnlos, das Postulat eines solchen Unbegriffs als falsch gestellt erkennen; denn in sich widerspruchsvoll ist die Forderung, ein Etwas zu denken, das seiner Natur nach allen uns zu Gebote stehenden Gedankenformen sich entzieht. Die Erfüllung dieser unerfüllbaren Forderung aber ist es, welche der subjektiven Erscheinung erst die objektive Realität verleihen soll.

Kant räumt von dem Begriff des Noumenon ausdrücklich ein, dass es die Vorstellung eines Dinges sei, „von dem wir weder sagen können, dass es möglich, noch dass es unmöglich sei" (233); er nimmt als bewiesen an, dass die Vorstellung eines Gegenstandes, als Dinges überhaupt, nicht etwa bloss unzureichend, sondern ohne sinnliche Bestimmung derselben", (die nach dem Obigen unmöglich ist) „und, unabhängig von empirischer Bedingung, in sich selbst widerstreitend" und also „für uns nichts sei" (228), dass die Noumona „in Ermangelung eines

die Ueberzeugung gewinnt, dass es gar keine Dinge an sich und transcendentale Gegenstände giebt, so ist man vor Verwechselung der Erscheinungen mit Dingen an sich jedenfalls noch weit besser geschützt, als durch den schönsten negativen Grenzbegriff. Man sieht also, dass Kant mit dieser Art, die Nothwendigkeit eines Unbegriffes für uns zu erweisen, Fiasco macht.

Betrachten wir indessen noch weiter die Stellen, wo er seine Eintheilung in Phänomena und Noumena zu rechtfertigen sucht. S. 206—7 heisst es: „Nun sollte man denken, dass der durch die transcendentale Aesthetik eingeschränkte Begriff der Erscheinungen von selbst die objektive Realität der Noumenorum an die Hand gebe .... Denn wenn uns die Sinne etwas bloss vorstellen, wie es erscheint, so muss dieses Etwas doch auch an sich selbst ein Ding, und ein Gegenstand einer nicht sinnlichen Anschauung, d. i. des Verstandes sein, darin keine Sinnlichkeit angetroffen wird, und welche allein schlechthin objektive Realität' hat, dadurch uns nämlich Gegenstände vorgestellt werden, wie sie sind, da hingegen im empirischen Gebrauche unseres Verstandes Dinge nur erkannt werden, wie sie erscheinen.“ Und S. 208: „Es folgt auch natürlicher Weise aus dem Begriffe einer Erscheinung überhaupt: dass ihr etwas entsprechen müsse, was an sich nicht Erscheinung ist .... was aber an sich selbst, auch ohne die Beschaffenheit unserer Sinnlichkeit (worauf sich die Form unserer Anschauung gründet), Etwas, d. i. ein von der Sinnlichkeit unabhängiger Gegenstand, sein muss.“

Es ist klar, dass hier eine petitio principii vorliegt. Denn die Einschränkung, welche die transcendentale Aesthetik für den Begriff äusserer Gegenstände herbeigeführt hat, bezieht sich eben auf den unwahren naiven Realismus, der das Wahrgenommene für Dinge an sich hält; die transcendentale Logik hat aber diese Einschränkung so weit fortgesetzt, dass, wie wir sahen, gar nichts Reales ausser dem Subjektiven mehr übrig geblieben ist, d. h. sie hat den Begriff der Erscheinung ebenso vernichtet, wie die transcendentale Aesthetik den Begriff des unmittelbar realen Objekts. Hiernach ist es eine Inconsequenz Kant's und ein logischer Fehler, in einem Abschnitt, der auf die transcendentale Analytik folgt, den Begriff der Erscheinung als einen

noch bestehenden zu behandeln, und aus diesem Begriff weittra-
gende Folgerungen abzuleiten. Wenn die empirischen Vorstellungen Erscheinungen sind, so müssen sie freilich auf ein unabhängiges Etwas bezogen werden; aber wer sagt denn im Voraus,
dass sie Erscheinungen und nicht Schein sind? Auch ohne die
transcendentale Analytik läge in diesem Argument eine petitio
principii; nach derselben ist es ein crasser Selbstwiderspruch.
Die angeführte Stelle (206—7) beweist, dass Kant hier unter dem
Einfluss einer Reminiscenz der Leibnizischen Erkenntnisstheorie
stand, nach welcher der Verstand die Dinge erkennt, wie sie an
sich sind, (die Sinnlichkeit aber nur eine verworrene und verzerrte
Verstandeserkenntniss ist). Diese Annahme aber, dass der Verstand die Dinge erkennt, wie sie an sich sind, hat im Kant'schen
System, wo das Ding an sich schlechthin unerkennbar sein soll,
gar keinen Sinn, und Kant hatte ganz Recht, diese Anachronis-
men in der zweiten Auflage zu beseitigen, wodurch die Reinheit
seines Idealismus offenbar gewinnen musste.

Vergegenwärtigen wir uns das Resultat der bisherigen Betrachtung, so ist es Folgendes: Alles Wahrgenommene oder Re-
producirte ist Modification der Sinnlichkeit plus Verstandesfunction,
ist subjektiver Zustand; aller Bewusstseinsinhalt ist bewusst-ideal,
d. h. in der Sphäre der Subjektivität eingeschlossen; all seine
Realität ist eine subjektive Realität, welche auf der Realität des
Vorstellungsaktes ruht und mit dieser steht und fällt. Jeder Versuch,
dem Bewusstseinsinhalt aus ihm selbst heraus eine mehr als subjektive Realität zuzuschreiben, verurtheilt sich von selbst. Entweder
ist hiernach alles Wahrnehmen nicht mehr als ein subjektiver
Traum und aller Glaube an objektive Realität des Wahrgenommenen ein trügerischer Schein, oder es muss ein vom Bewusstsein unabhängiges positives Jenseits des Bewusstseins geben, die
Beziehung auf welches dem Bewusstseinsinhalt mittelbar eine objektive Realität verleihen kann. Die Annahme der transcendentalen Aesthetik und Analytik Kant's machen jede Positivität dieses Jenseits unmöglich, und den Begriff eines solchen zu einem
in sich widersprechenden. Wie dem aber auch sei, gleichviel ob
diese Annahmen begründet sind oder nicht, steht soviel unwi-
derruflich fest, dass es ein durchaus verfehlter Versuch ist, dieses
Jenseits durch den reinen Begriff der Objektivität oder Gegen-

ständlichkeit zu erreichen, da dieser Begriff durchaus nur in einer
bewussten Relation zwischen Inhalt und Form des Bewusstseins
besteht, und für ein Jenseits des Bewusstseins jeden Sinn verliert,
so dass der Versuch seiner Anwendung auf dasselbe an innerem
Selbstwiderspruch zu Grunde geht. Diesen Schritt zu thun, wurde
Kant durch die Unfreiheit unmöglich gemacht, in welcher er sich
in Bezug auf die erwähnte Reminiscenz der Leibnizischen Ansicht,
oder vielmehr ihres Ausdrucks in der Leibnizischen Schule befand.

Dagegen hat Schopenhauer diesen wichtigen Schritt gethan, indem er mit voller Entschiedenheit die Behauptung auf-
stellte, „dass schon das Objektsein überhaupt zur Form der
Erscheinung gehört, und durch das Subjektsein überhaupt ebensowohl bedingt ist, als die Erscheinungsweise des Objekts durch
die Erkenntnissformen des Subjekts, dass also, wenn ein Ding
an sich angenommen werden soll, es durchaus auch nicht
Objekt sein kann, als welches er (Kant) es jedoch immer
voraussetzt, sondern ein solches Ding an sich in einem von der"
(bewussten) „Vorstellung (dem Erkennen und Erkanntwerden) *toto
genere* verschiedenen Gebiet liegen müsste, und es daher auch
am wenigsten nach den Gesetzen der Verknüpfung der Objekte
unter einander erschlossen werden könnte" (Welt als Wille
und Vorst. 3. Aufl. I. 596 — 7). Es hat nichts zu sagen, dass
Schopenhauer hier nur von Objekt überhaupt und nicht vom transcendentalen Objekt insbesondere spricht, denn was generell vom
Objekt überhaupt gilt, gilt auch speciell vom transcendentalen, —
man darf nur nicht, wie dies leider häufig genug geschieht, transcendent und transcendental verwechseln. Immanent ist nämlich
das im Bewusstsein, im Bereich der Subjektivität Gelegene, —
transcendent das jenseits des Bewusstseins und der Subjektivität
Gelegene, — transcendental aber ist dasjenige Immanente,
was als auf ein Transcendentes bezogen gedacht wird, daher
Kant „transcendental" auch durch „subjektiv" erläutert (273).
Aber schon Kant selbst verwechselt das transcendentale Objekt
mit dem Transcendenten (312, 391), oder Ding an sich, weil er
eben den principiellen Unterschied zwischen beiden nicht kennt
oder beachtet. Das Objekt überhaupt ist der Bewusstseinsinhalt,
insofern er von der Form des Bewusstseins oder von dem Acte
des Bewusstwerdens unterschieden wird; es ist daher ein Wider-

derspruch, dass das Jenseits des Bewusstseins Objekt sein könne
(Kant's „Objekt an sich", II. 718). Es ist ein Widerspruch, dass
ich etwas soll denken können, was nicht mein Gedachtes, d. h.
Gedanke wäre. Der Gedanke kann nicht aus der Haut des Gedankens fahren. Kurz, der reine Begriff der Objektivität ist völlig unfähig, die Fesseln der Subjektivität (der Immanenz im Bewusstsein) zu sprengen, mit denen er wie der Südpol des Magne-
ten mit seinem Nordpol, wie der Inhalt mit der Form verwachsen
ist. Diese einfache Wahrheit, dass Alles, was ich vorzustellen
vermag, durchaus nichts Anderes als meine Vorstellung, was ich
zu denken vermag, nichts Anderes als mein Gedanke sein kann,
— diese einfache Wahrheit ist der Urquell alles subjektiven Idealismus; alle Begründungen für denselben sind Firlefanzerei, ausser
in soweit dieses Argument offener oder versteckter in ihnen durch-
spielt und sie aus ihm ihre Kraft saugen. Letzteres ist auch bei
Kant's Begründung der Idealität von Raum, Zeit und Kategorien
der Fall; aber er ist fern davon, die ganze Tragweite und die
unerbittliche Consequenz dieses Princips einzusehen, die ja noch
heute viele seiner Anhänger nicht begreifen. Muss er sich auch
gestehen, dass unsere Anschauung, weil sie sinnlich ist, und unser
Verstand, weil er discursiv ist, ausser Stande seien, die Dinge
an sich zu erkennen, so glaubt er doch, dass eine nichtsinnliche
(intellektuelle) Anschauung, oder was dasselbe ist, ein nicht-dis-
cursiver (intuitiver) Verstand, wohl im Stande wäre, das Ding
an sich, den intelligibeln Gegenstand oder das transcendentale
Objekt zu erkennen (211). Allerdings bemerkt er selbst, dass
eine solche intellektuelle Anschauung „allein dem Urwesen,
niemals aber einem, seinem Dasein sowohl als seiner Anschauung
nach (die sein Dasein in Beziehung auf gegebene Objekte bestimmt) abhängigen Wesen zuzukommen scheint" (420), dass
aber ein solcher göttlicher Verstand nicht mehr gegebene Gegenstände sich vorstellen, sondern durch seine Vorstellung
die Gegenstände selbst zugleich geben oder hervorbringen würde
(741—2). Der Kant'sche Genius kann sich mithin dem Aperçu
nicht entziehen, dass nur derjenige Verstand Dinge an sich erkennen kann, dessen Vorstellungen die Dinge an sich machen
oder sind. Er hat nur vergessen, dieser schönen Bemerkung
den Zusatz zu geben, dass ein solcher Verstand nicht bewusst

vorstellen, also weder Subjektivität besitzen, noch Objekte produciren kann, sondern nur Ideen, respective Dinge. Wäre der göttliche Verstand ein bewusster, der also Objekte hätte, so wären auch für ihn die Objekte nur die Bilder oder subjektiven Repräsentanten der wirklichen Dinge und nicht die Dinge selbst; dann könnte auch er nur Dinge hervorbringen nach dem Ebenbilde seiner Vorstellungsobjekte, nicht durch sein Vorstellen selbst. Nur als erhaben über die erst durch das Bewusstsein geschaffenen Gegensätze von Subjekt und Objekt kann er das absolute Denken sein.

So sehen wir auch diesen Anlauf Kant's verunglückt, um den Wahrnehmungen eine mehr als subjektive Realität zu erwirken. So vielversprechend der Gedanke war, die gewünschte Realität indirekt zu erlangen, so unzulänglich erwies sich der Begriff der Objektivität zur Ueberschreitung der Sphäre des Subjektiven. Ein Transcendentes von positivem Gehalt auf anderem Wege zu erlangen, auf welches das immanente Objekt (als transcendentales) bezogen gedacht werden könnte, das hatte sich Kant durch seine transcendentale Analytik versperrt. Wir werden später sehen, wie er im Widerspruch mit den in derselben dargelegten Grundsätzen sich doch dazu getrieben sieht, diesen anderen Weg einzuschlagen; vorläufig aber haben wir zu constatiren, dass Kant nichts Anderes als die Unmöglichkeit eines Transsubjektiven aus seinen (so vielseitig acceptirten) Grundprincipien folgern konnte, und dies mit einigen übel angebrachten und werthlosen Vorbehalten wirklich gethan hat. Ehe wir zu einer anderen Ableitung des Dinges an sich übergehen, wollen wir nun noch die Anwendung der bisher entwickelten Ansichten Kant's auf das eigne Ich betrachten.

III.
Das transcendentale Subjekt.

Das „denkende Ich" oder die „Seele" ist das „transcendentale Subjekt" (286, 379 Anm.), d. h. das transcendentale Objekt, das der inneren Anschauung zu Grunde liegt (303), oder „ein Name für den transcendentalen Gegenstand des inneren Sinnes" (290). „Innere Anschauung" ist alle diejenige, welche nicht die

Form der Räumlichkeit, sondern nur die der Zeitlichkeit hat; das Vermögen der inneren Anschauung heisst der „innere Sinn." Das transcendentale Subjekt ist also nur ein besonderer Fall des transcendentalen Objekts; was für letzteres gilt, gilt auch für ersteres, nämlich dass es „gänzlich nichtig und leer sei", da „keine der Kategorien Bedingungen ihrer Anwendung antreffen" (379 Anm.). Wie das transcendentale Objekt etwas hinter dem Erscheinungsobjekt Steckendes sein sollte, das letzterem erst die objektive Realität verleihen sollte, so soll nun das transcendentale Subjekt ein hinter dem Erscheinungssubjekt steckendes X sein, das doch letzterem erst seine Realität verleihen soll. Das transcendentale Subjekt ist daher eben so wenig wie irgend ein anderes transcendentales Objekt „als Gegenstand gegeben", weil gegeben nur eine Anschauung oder Erscheinung sein kann (379 Anm.). Es ist nach dem über das transcendentale Objekt im Allgemeinen Gesagten schon hier zu übersehen, dass das transcendentale Subjekt im Besonderen an ganz demselben inneren Widerspruch zu Grunde gehen muss, wie jenes; doch wollen wir zur Erhärtung dieser Thassache Kant's Darlegungen noch genauer verfolgen.

Wir gehen zu diesem Zweck von dem Ich als empirischen Objekt, dem Ich als Erscheinung, aus. Indem ich das Ich nur percipire, insofern ich die empirischen Bestimmungen desselben durch innere Anschauung (durch den inneren Sinn) auffasse, ist es der Anschauungsform des inneren Sinnes, sowie den die Materie dieser Anschauung synthetisch verarbeitenden Denkformen des Verstandes unterworfen, ist also Erscheinungsobjekt in demselben Sinne, wie alle anderen empirischen Objekte. „Das Dasein dieser inneren Erscheinung als eines so an sich existirenden Dinges kann nicht eingeräumt werden, weil ihre Bedingung die Zeit ist, welche keine Bestimmung irgend eines Dinges an sich selbst sein kann" (389). „Alles, was durch einen inneren Sinn vorgestellt wird, ist soferne jederzeit Erscheinung"; „das Subjekt, welches der Gegenstand derselben ist", kann „durch denselben nur als Erscheinung vorgestellt werden" (717). „Ich, als Intelligenz und denkendes Subjekt, erkenne mich selbst als gedachtes Objekt, soferne ich mir noch über das in der Anschauung gegeben bin, nur gleich anderen Phänomenen, nicht wie ich für den Verstand" (? — müsste heissen: „an mir") „bin,

sondern nur, wie ich mir erscheine" (749). „Was die innere
Anschauung betrifft", so erkennen wir „unser eigenes Subjekt nur
als Erscheinung, nicht aber nach dem, was es an sich selbst
ist" (750, vgl. III. 106). Es finden natürlich auf dieses Erscheinungsich alle Kategorien wie auf eine andere Erscheinung Anwendung, z. B. die der Substanzialität; aber wenn ich das Erscheinungsich als Substanz denke, so ist es ebenso wie ein an-
deres empirisches |Objekt nur *substantia phänomenon* (II. 158),
oder Substanz in der Erscheinung (161, 303), keineswegs Substanz an sich oder im transcendenten Sinne. Wir erfahren nur,
dass das Erscheinungsich „Substanz im Begriffe, einfach im
Begriffe u. s. w." ist, aber keineswegs, was es an sich ist (318).
Dieser Begriff bezeichnet also „nur eine Substanz in der Idee,
nicht in der Realität" (282). Es taucht also hier dieselbe Frage
wie beim Objekt auf: „Was beweist, dass der Begriff des Subjekts überhaupt mehr als blosser Schein, dass er Erscheinung ist,
welche das Recht hat auf ein transcendentales, an sich seiendes
Correlat bezogen zu werden?" Es liegt auf der Hand, dass der
innere Sinn uns hier nicht weiter bringen kann. Kant versucht
es daher von einer anderen Seite her mit der „transcendentalen
Synthesis der Apperception", d. h. mit der formalen Einheit des
Bewusstseins.

Nach Kant ist die „Vorstellung mit Bewusstsein (perceptio)"
eine Unterart der „Vorstellung überhaupt (repraesentatio)" (258).
„Wir haben Vorstellungen in uns, deren wir uns auch bewusst
werden können" (167); wir haben aber auch welche in uns, deren
wir uns nicht unmittelbar bewusst sind (VII., 2. Abth. S. 21).
Das Bewusstsein, welches das specielle Merkmal der bewussten
Vorstellung bildet, ist also „an sich nicht sowohl eine Vorstellung, die ein besonderes Objekt unterscheidet, sondern eine
Form derselben überhaupt, soferne sie Erkenntniss genannt
werden soll" (II. 279). Die actuelle Einheit des Bewusstseins
mehrerer Vorstellungen besteht in der Umfassung derselben durch
ein und denselben Act des Bewusstwerdens, die potentielle Einheit des Bewusstseins in der Möglichkeit einer solchen Umfassung
vermittelst der Reproduction der einen oder mehrerer von diesen
Vorstellungen. Das Bewusstsein der Möglichkeit dieser Umfassung oder Vereinigung macht jede Vorstellung, auf die es sich

erstreckt, zu der meinigen. Bei allen zu meiner Bewusstseinssphäre gehörigen Vorstellungen steht es mir frei, jederzeit auf
diese potenzielle Einheit des Bewusstseins zu reflectiren, und die
beständige Möglichkeit dieses Gedankens, dass die jedesmalige
Vorstellung ebenfalls die meinige sei oder zu der (mir allein bekannten) Bewusstseinssphäre gehöre (275), drückt Kant durch
den Satz aus: Das „Ich denke" muss alle meine Vorstellungen
begleiten können. Dieses Ich scheint nun allerdings etwas Anderes zu sein, als die empirische innere Anschauung, in welcher
„Alles im continuirlichen Flusse und nichts Bleibendes ist" (305).
Dieses sich selbst identische einfache Ich nun „ist so wenig Anschauung als Begriff von einem Gegenstande, sondern die
blosse Form des Bewusstseins, welches beiderlei Vorstellungen begleiten kann" (305). „Die Einheit des Bewusstseins, welche den Kategorien zum Grunde liegt, wird hier (durch
Missverstand) für Anschauung des Subjekts als Objekts genommen, und darauf die Kategorie der Substanz angewandt" (798).
Es kann daher nichts verkehrter sein, als die einheitliche Form
des Bewusstseins auf diese Weise zu hypostasiren; denn diese
Form hat ja gar keine Subsistenz für sich, sondern ist nur an
und durch ihren Inhalt, die Objekte. Dass wir die Form des Bewusstseins losgelöst von ihrem Inhalt denken können, ist eben
nur möglich durch unsere Fähigkeit der Abstraction. „Folglich
verwechsle ich die mögliche Abstraction von meiner empirisch bestimmten Existenz mit dem vermeinten Bewusstsein einer
abgesonderten möglichen Existenz meines denkenden Selbst,
und glaube das Substantiale in mir als das transcendentale
Subjekt zu bestimmen, indem ich bloss die Einheit des Bewusstseins, welche allem Bestimmen, als der blossen Form
der Erkenntniss, zum Grunde liegt, in Gedanken habe" (801).
„Gleichwohl ist nichts natürlicher und verführerischer*), als der
Schein, die Einheit in der Synthesis der Gedanken für eine
wahrgenommene Einheit im Subjekte dieser Gedanken zu halten.
Man könnte ihn die Subreption des hypostasirten Be-

---

*) Besonders verführerisch war dies für Kant, der die höchst merkwürdige
Verwechselung der numerischen Identität und objektiven Einheit des Gegen-
standes mit der numerischen Identität und subjektiven formalen Einheit des
Bewusstseins hartnäckig festhält (98, 104).

wusstseins nennen" (320). So unstatthaft es ist, den Begriff der Substanz auf diese formale Einheit des Bewusstseins, die ja gar keine Anschauung ist, anzuwenden (798), so begründet muss man die Anwendung des Prädicats der Einfachheit auf dieselbe erachten, obwohl darin gar keine Erkenntniss befasst ist. „Ich bin einfach" ist nämlich ein tautologischer Satz. „Ich bin einfach bedeutet aber nicht mehr, als dass diese Vorstellung: Ich, nicht die mindeste Mannigfaltigkeit in sich fasse, und dass sie absolute (obzwar bloss logische) Einheit sei" (285). Da es eine Subreption ist, diese logische Einheit als real subsistirendes Subjekt zu nehmen, so ist die Uebertragung des Prädicats der Einfachheit auf letzteres natürlich eine doppelt unstatthafte Subreption (286). Wenn Kant an anderer Stelle zu Gunsten der Annahme des Ich als eines Vernunftwesens spricht (527—528), weil aus solcher psychologischen Idee nichts Anderes als Vortheil (!) entspringen könne (529), so fügt er doch hinzu: „wenn man sich nur hütet, sie für etwas mehr als blosse Idee . . . . gelten zu lassen" (529). „Man verkennt sogleich die Bedeutung dieser Idee, wenn man sie für die Behauptung, oder auch nur die Voraussetzung einer wirklichen Sache hält" (518). Wir können getrost eine Idee unbeachtet lassen, bei der man sich stets vergegenwärtigen muss, dass man sich mit ihr belügt. Das Resultat ist also das, was Kant selbst ausspricht, dass es unmöglich ist, sich als Noumenon zu erkennen (804), wodurch das Erscheinungsich zum blossen Scheinich herabsinkt (802 unten), und die formale Einheit des Bewusstseins nur die Bedeutung einer Abstraction von dem Erscheinungsich hat.

Man sollte nun glauben, nach diesen Darlegungen Kant's voll lichtvoller Evidenz sei das Ich als real existirendes transcendentales Subjekt ein für allemal beseitigt; indessen macht Kant dennoch den Versuch, dasselbe doch noch wenigstens als unbestimmtes Etwas zu halten, sowie er früher versuchte, das transcendentale Objekt als negativen Grenzbegriff eines unbestimmten Etwas zu halten. Wir dürfen nicht unterlassen, die seinen eigenen Auseinandersetzungen widersprechenden Sophismen aufzudecken, durch welche Kant diesen Versuch zu stützen bemüht ist.

„Nicht wie ich mir erscheine, noch wie ich an mir selbst
bin, sondern nur dass ich bin" bin ich mir durch die formale
Einheit des Bewusstseins bewusst (750). Hier vergisst Kant seinen eigenen Satz, dass diese Einheit des Bewusstseins weder der
Begriff, noch die Anschauung eines Gegenstandes ist, dass
also das „Ich", dessen ich mir bewusst werden kann, nicht einen
Gegenstand, sondern nur eine Form aller empirischen Gegenstände
(als Vorstellungsobjekte in meinem Bewusstsein) ist. Unzweifelhaft wird mich die Ausübung dieser Form der Vorstellung dessen
vergewissern, dass diese Form der Vorstellung ist, oder dass
Ich bin, wenn ich mich bescheide, mit diesem „Ich" keinen anderen Begriff als den dieser Bewusstseinsform zu verbinden; dagegen kann es mich nicht darüber belehren, dass ein transcendentales Subjekt hinter meinem mir in der Form der Einheit des
Bewusstseins gegebenen Erscheinungsich existirt, und darum handelt es sich doch ganz allein. Es bleibt mithin immer bei dem
Kantischen Satze: „Das Subjekt der Kategorien" (wenn es nämlich eines giebt) „kann also dadurch, dass es diese denkt, nicht
von sich selbst als einem Objekte der Kategorien einen Begriff
bekommen; denn um diese zu denken, muss es sein reines
Selbstbewusstsein, welches doch hat erklärt werden
sollen, zum Grunde legen" (798). Vergeblich bemüht sich Kant,
diesen Satz dadurch zu umgehen, dass er prätendirt: „wenn ich
mich als Subjekt der Gedanken oder als Grund des Denkens
vorstelle, so bedeuten diese Vorstellungsarten nicht die
Kategorien der Substanz oder der Ursache" (803), sondern
vielmehr „logische Functionen", welche die Spontaneität
meiner Synthesis bestimmen, und allerdings „den Kategorien
der Ursache gemäss erklärt werden können, ob sie gleich aus
ganz anderem Princip entspringen" (805). Dieses verzwei-
felte Herumwürgen erweckt fast Mitleid, wenn man sich daran
erinnert, dass Kant die Kategorien ebenfalls nur als „logische
Functionen" (des Gemüths) definirt (69, 101, 729). Das „ganz
andere Princip" ist also entweder in der Kritik vergessen, und
es giebt doppelte Kategorien für den Verstand, die sich zum
Verwechseln ähnlich sehen, oder es geht den Verstand gar nichts
an, oder es ist Wind. Wenn Kant sagt: „im Bewusstsein meiner
selbst beim blossen Denken bin ich das Wesen selbst, von

dem mir aber freilich noch nichts zum Denken gegeben ist" (803),
so begeht er damit die von ihm verurtheilte „Subreption des hypostasirten Bewusstseins" *in optima forma.* Zwei Punkte sind es,
die Kant stets von Neuem zu dieser Subreption verlockten. Der
erste ist, dass er die formale Einheit des Bewusstseins für eine
apriorische Function erklärt. Diess zugegeben, so beweist es
doch gar nichts für die Zulässigkeit eines transcendentalen Gebrauchs derselben, so wenig wie die Apriorität der Kategorien
einen transcendentalen Gebrauch derselben statthaft macht. Will
also Kant alle apriorischen, „vor einer besonderen Erfahrung vorhergehenden" Functionen (106 Anm.), im Widerspruch mit der
etymologischen Ableitung des Wortes, transcendentale Functionen
nennen, so mag er immerhin auch von einer transcendentalen
Synthesis der Apperception statt von einer apriorischen sprechen; wenn er aber dieses „transcendentale Bewusstsein" zu einer
Subreption des transcendentalen Subjekts benutzen will, so ist
diese transcendentale Synthesis der Apperception gleich den anderen Kategorien in die Schranken des ausschliesslich empirischen Gebrauchs zurückzuweisen. Dass diese apriorische Function
nur an empirischem Stoff sich bethätigt, und für die Erkenntniss
nur durch Abstraction von demselben losgelöst werden kann, hat
Kant auf S. 801 dargethan. Insofern sie aber das Prius des bestimmten empirischen Bewusstseins ist, mit welchem für uns die
Welt erst anfängt, so liegt sie eben jenseits des Bewusstseins als
potentielle Präformation desselben, und ist in dieser Gestalt unserm Bewusstsein unzugänglich, kann also keinenfalls in Folge
ihrer Apriorität etwas vom Ich an sich verrathen, und sei es auch
nur, dass dasselbe existirt. — Der zweite Punkt, welcher Kant
irre macht, ist die Annahme, dass die transcendentale Synthesis
der Apperception eine intellectuelle Function, also das durch
dieselbe definirte Ich eine rein intellectuelle Vorstellung
sei (799 Anm.), welches ihn mit dem falschen Nimbus der intellectuellen Anschauung berückt, von der er irrthümlicher
Weise glaubt, dass sie das Ich, wie es an sich ist, zu erkennen
vermöchte. Zunächst ist, wie gesagt, die Vorstellung dieser reinen Bewusstseinsform eine durchaus abstracte, die von den empirischen Bewusstseinsacten durch Fortlassung alles Bewusstseinsinhalts abstrahirt ist. Sie ist also für mein Bewusstsein so weit

anschaulich, als der empirische Rest der gegebenen Bewusstseins-
acte darin enthalten ist, welcher an denselben Form war; sie ist
für mein Bewusstsein soweit intellectuell, als sie abstract und
negirend gegen die Besonderheit jener anschaulich gegebenen Be-
wusstseinsacte auftritt. Hier ist nirgend etwas, das an jene „intellectuelle Anschauung" erinnert, von der Kant selbst einräumt,
dass der (bewusste) menschliche Intellect ihrer entbehrt. In soweit sie hingegen apriorische Präformation des empirischen Be-
wusstseinsactes ist, möchte jene Bezeichnung zwar eher passen,
doch wendet sie sich als solche ausschliesslich auf den empirischen Bewusstseinsinhalt, nie auf sich selbst als Form.

Ueberhaupt kann es nichts Verkehrteres geben, als Kant's Mei-
nung, dass eine intellectuelle Anschauung sich das Ich an sich
con amore betrachten könnte. Denn nehmen wir an, es gäbe ein
solches intellectuell anschauendes Subjekt, so würde doch allemal
dasjenige, als was es sich denkt, sein Gedachtes, d. h. Produkt
seiner intellectuellen Anschauungsfunction sein, welches also immer dem Subjekt oder dem Producenten dieser Anschauungsfunction so incongruent sein müsste, wie das Product dem Producenten, folglich niemals das Ich vorstellen würde, wie es an
sich ist, sondern höchstens ein ihm vielleicht in gewisser Hinsicht ähnliches, in der Hauptsache aber von ihm verschiedenes
Vorstellungsbild. Mit Kant's Worten zu sprechen: „Ich, der
ich denke und anschaue, ist die Person, das Ich aber des
Objckts, das von mir angeschaut wird, ist, gleich anderen
Gegenständen ausser mir, die Sache" (I. 501); d. h. kein
Subjekt, mag es eine Art Anschauung haben, welche es will,
kann sich als Subjekt, sondern immer nur als Objekt anschauen,
freilich als ein Objekt, welches sich dadurch von anderen Objekten unterscheidet, dass es Bild des anschauenden Subjekts ist
(und zwar immer nur des Subjekts vergangener Anschauung,
nie des Subjekts der gegenwärtigen Anschauung, da dies unmöglich ist). Selbst eine intellectuelle Anschauung, welche die Dinge
hervorbringt, die sie denkt, kann hier nicht aushelfen, denn
diese müsste ihren eigenen Producenten hervorbringen, also früher
da sein, als das, von dem sie producirt werden soll. Es ist ein
Widerspruch, von einem Denken oder Anschauen zu sprechen,
welches das hervorbringt, was schon da ist, denn das kann es

gar nicht mehr hervorbringen, vielmehr nur das, was noch nicht
da ist. — Haben wir aber gesehen, dass Kant's intellectuelle Anschauung nur als unbewusste zu verstehen ist, so ist klar, dass
eine solche sich gar nicht anschaut, weder wie sie ist, noch
anders als sie ist, weder im Ansich, noch im Bilde.

Wir können übrigens die Kant'schen Irrthümer noch weit
drastischer mit seinen eigenen Worten schlagen. Das „Ich denke"
bleibt auch dann, wenn es von allem empirischen Beiwerk (durch
Abstraction) befreit ist, eine Vorstellung, in welcher die Zeit enthalten ist; denn niemand vermag, das bewusste Denken anders
denn als zeitlichen Act sich vorzustellen. Aber auch, wenn man
in diesem abstracten Satz „Ich denke" nicht mehr auf das Prä-
dikat, sondern nur noch auf das Subjekt „Ich" reflectirt, so ist
doch dieses, als die transcendentale Synthesis der Apperception,
auch wiederum eine synthetische Function, d. h. Handlung
(II. 69), oder Thätigkeit (775), — der Begriff der Function oder
Handlung schliesst aber den Begriff der Zeit ein. Das Bewusstsein ist eben auch formell kein ruhender Zustand, sondern Function,
stetiges Bewusstwerden, und darin liegt es, dass auch die reine
Form des Bewusstseins nicht über das Gebiet der zeitlichen
Function hinausführen kann (ausser wenn man sich die Subreption
des hypostasirten Bewusstseins zu Schulden kommen lässt), —
dass die Form der Zeit „Bedingung alles Selbstbewusstseins"
ist (I. 500), und dass alles Bewusstsein auf Zeitbedingungen
beruht (I. 448). In einem Etwas, so ferne es Noumenon ist,
geschieht nichts, es kann in ihm keine Veränderung angetroffen werden, als welche dynamische Zeitbestimmung erheischt
(II. 525); es kann also die reine synthetische Form des Bewusstseins oder das reine Ich keinenfalls für ein Noumenon angesehen
werden, da sie zeitliche Function ist, sondern sie gehört ebenso
wie der empirische Bewusstseinsinhalt zur blossen Erscheinung.
Mit grosser Entschiedenheit und Präcision wendet sich Kant
(45—46) gegen diejenigen, welche aus der subjektiven Realität
der Zeit, aus der Wirklichkeit einer zeitlichen Function als Vorstellung im Bewusstsein, eine an sich seiende Realität derselben
Function, abgesehen davon, dass sie subjektive Vorstellung ist,
ableiten wollen. Indem er zugiebt, dass wir durch die Anschauungsform des inneren Sinnes verhindert sind, andere als zeitliche

innere Anschauungen oder Selbstwahrnehmungen des Erscheinungsich's zu haben, bestreitet er doch auf das Bestimmteste,
dass dies irgend ein Präjudiz für die Beschaffenheit des eventuell
hinter dieser Erscheinung stehenden an sich Seienden sein könne.
Alle Function ist hiernach nur der Erscheinung nach Function;
eine an und für sich reale Function ist nach Kant nicht möglich, weil
die Form der Function in ihrer Zeitlichkeit (ohne welche keine
Veränderung möglich ist) nur in der Bewusstseinsauffassung und
nicht ausserhalb derselben vorhanden ist. Somit kann auch die
reine Form des Bewusstseins, da sie Function ist, nur zur phänomenalen Seite des Ich gezählt werden, und dieser anscheinend letzte Weg, zu einem transcendentalen Ich zu kommen, hat
auch versagt.

Nun deutet Kant an einigen Stellen darauf hin (wenn auch in
unzureichender Weise), dass hinter der Function ein Vermögen
der Function zu denken sei, welches dann erst das wahre Ich wäre
(107 unten; 775 Mitte). Es liegt vor allen Dingen auf der Hand, dass
die Vermuthung zurückgewiesen werden muss, als könnte die Intelligenz sich dieses ihres synthetischen Vermögens unmittelbar bewusst werden (775); denn das Bewusstwerden reicht offenbar nicht
weiter als bis zur Function, und das Vermögen bleibt jedenfalls Hypothese. Aber es kommt hinzu, dass, wenn bei diesem Vermögen etwas gedacht werden soll, dies nothwendig Kategorien wie Ursache
(der Function), Substanz, Dasein, Wirklichkeit u. s. w. sein müssen,
deren Gebrauch aber hierfür verboten ist. Ohne diese ist das
Wort „Vermögen" sinnlos. Aber auch abgesehen hiervon kann
das Vermögen nimmermehr eine andere als eine reale Function
erklären, die doch nicht existiren soll. Eine bloss eingebildete
Function kann keine Erklärung als Function haben, sondern höchstens kann man nach einer Erklärung fragen, woher die Einbildung von einer Function kommt, die doch weder existirt noch
existiren kann.

Muss somit Kant anerkennen, dass weder die Form, noch
der Inhalt des Bewusstseins einen Weg darbieten, um hinter der
phänomenalen Seite des Erscheinungsich noch eine an sich seiende
(46) annehmbar zu machen, so fällt die Berechtigung zur Annahme eines transcendentalen Subjekts ebenso, wie wir die zur
Annahme eines transcendentalen Objekts hatten fallen sehen, —

so sinkt die innere Erscheinung ebenso zum blossen Schein herab, wie vorher die äussere. Der äusseren Erscheinung hatten wir eine „subjektive Realität" zuerkannt, in der naiven Voraussetzung, dass der Vorstellungsinhalt an der Realität des Vorstellungsactes theilnimmt, welche letztere wieder an der Realität des Subjekts hängen sollte. Nun aber haben wir erkannt, dass das Subjekt gar keine Realität hat, wenigstens nicht mehr als jedes Objekt, also auch nur eine, die es von dem Vorstellungsact, als dem einzigen Realen empfangen kann, anstatt, wie vorher angenommen wurde, sie diesem zu verleihen. Objekt wie Subjekt haben also nicht mehr subjektive Realität, sondern nur noch Realität als Vorstellungen, und insofern der Vorstellungsact eine solche hat, an der sie Theil nehmen können. Aber, o Schrecken, die Vorstellung, d. h. der Vorstellungsact hat ja nun auch seine Realität verloren, und ist zu blosser Erscheinung, hinter der nichts ist, d. h. aber zu blossem Traum, oder falls der Traum seine trügerischen instinctiven Ansprüche auf Realität nicht fahren lässt, zu blossem falschen Schein herabgesunken. Die Realität des Vorstellungsactes als einer an und für sich realen Function war der letzte Hoffnungsanker auf einen Schimmer von Realität. Auch mit diesem wäre der Vorstellungsinhalt blosser Schein, aber, wenn auch wesenloser, so doch wirklicher, d. h. wirklich als Act oder Function des Scheinens; jetzt aber, wo die unerbittliche Consequenz der Kant'schen Principien auch die Realität der Function des Scheinens hinweggerafft und mit zu dem bloss scheinbaren Inhalt des Scheins gethan hat, jetzt scheint der Schein nicht einmal mehr wirklich, sondern er scheint bloss noch zu scheinen. Ein Traum ohne Träumer, ein Traum, der sich selbst träumt, ein Traum, der nicht einmal als Traum existirt, sondern sein Traumdasein nur träumt, — dass ist die strenge letzte Consequenz der Kantischen Principien.

Die Unhaltbarkeit des transcendentalen Objekts machte den transcendentalen Idealismus zum subjektiven Idealismus, Subjektivismus oder Solipsismus, die Unhaltbarkeit des transcendentalen Subjekts machte diesen zum Bewusstseinsidealismus, die Unhaltbarkeit der Realität des Vorstellungsactes vollendet diesen zum absoluten Illusionismus. Mit dem ersten Schritt

büssten wir die Welt der materiellen und geistigen Dinge an sich
(mit alleiniger Ausnahme des Ich an sich) ein, und sahen das
Universum zur subjektiven Bestimmung des einzigen, einsamen
Ich herabgesetzt; mit dem zweiten Schritt kam uns das Ich an
sich abhanden, und das Weltall wurde zu einer sich selbst tragenden Perlenschnur bewusster Vorstellungen; mit dem dritten
Schritte zerreisst auch dieser dünne Faden, und der Wahnsinn
des eine Welt scheinenden Nichts gähnt uns an.

Wenn wir am Schluss des vorigen Abschnittes darauf hin-
wiesen, dass erst Schopenhauer in voller Reinheit die von Kant
verkannte Wahrheit erfasste, dass jedes Objekt als solches
Erscheinung, d. h. Vorstellung sei (W. a. W. u. V. l. 17,
182), so dürfte es lohnen, auch am Schlusse dieses Abschnittes
einen Blick auf Schopenhauer zu werfen, wo sich das Wunderliche ergeben wird, dass er verkennt, dass jede Erscheinung
als solche Objekt ist. Zunächst ist zu constatiren, dass
Schopenhauer die Correlativität und Unzertrennlichkeit von Subjekt und Objekt, als der constituirenden Hälften der Vorstellung,
in welche diese zerfällbar ist, zwar zugesteht, dass er auch das
Subjekt mit dem idealen oder imaginären Brennpunkt eines Hohl-
spiegels vergleicht, dass er aber nicht mit gleicher Klarheit wie
Kant das Verhältniss beider als das Verhältniss zwischen Form
und Inhalt des Bewusstseins anerkennt, obwohl er an einer
Stelle das Subjekt ohne Objekt deshalb zurückweist, weil „ein
Bewusstsein ohne Gegenstand" (d. h. doch die blosse Form des
Bewusstseins) kein Bewusstsein sei (II. 17). Aber er ist weit
entfernt von der Einsicht Kant's, dass das Subjekt, insofern
wir auf dasselbe als auf die abstracte Form des Bewusstseins reflectiren, und es uns als solche zum Bewusstsein bringen, selbst
als Objekt angeschaut wird. Er wendet ferner im Widerspruch mit seinen Grundsätzen die Kategorie der Substanz auf
das Subjekt an, indem er das Erkennen als ihr Accidenz ansieht,
und begeht so die Subreption des hypostasirten Bewusstseins.
Dieses transcendentale Subjekt des Erkennens nun ist nach ihm
„nicht in der Zeit", es ist „unerkennbar, weil es das Erken-
nende ist" (II. 18). Aber hiermit nicht genug, hat er neben
diesem transcendentalen Subjekt des Erkennens noch ein zwei-
tes Subjekt des Wollens; beide sollen Eins sein, obwohl das

erstere vom Objekt bedingt ist, das letztere nicht. Die Einheit beider ist das Wunder $\varkappa\alpha\iota'$ $\dot{\epsilon}\xi o\chi\dot{\eta}\nu$. Das Subjekt des Wollens ist der Wille, natürlich ebenfalls ausserzeitlich. Was dieser an sich sei, ist unerkennbar (II. 221), wir kennen ihn nur, wie er bei der „inneren Perception" (II. 221), „inneren Wahrnehmung" (II. 220) erscheint, oder wie ich mir desselben „bewusst bin" (I. 122). Es ist dies keineswegs eine adäquate Kenntniss des Subjekts an sich, da „die Form der Zeit, wie auch die des Erkennens und Erkanntwerdens überhaupt" nicht wegzubringen ist (II. 220), so dass wir auch im unmittelbaren Bewusstsein nur eine Erscheinung von dem Willen, wie er an sich ist, besitze, und zwar eine Erscheinung, die ganz und gar a posteriori ist (II. 219). Nun sollte man doch hieraus folgern, dass wir den Willen oder das Subjekt des Wollens nur als Vorstellung (Gehirnphänomen nach Sch.) kennen, denn was ist „Erscheinung in der Form des zeitlichen Erkanntwerdens" anders als Vorstellung, Objekt? Dies sagt aber Schopenhauer nicht, denn er erklärt: das Ding an sich „objektiv erkennen wollen heisst etwas Widersprechendes verlangen. Alles Objektive ist Vorstellung, mithin Erscheinung, ja, blosses Gehirnphänomen" (II. 19). Also: ist die einzige Weise, in der wir den Willen erkennen können, eine sich widersprechende, — so muss Schopenhauer zu Ende schliessen. Das Wahre an der Sache ist, dass die „ganz verschiedene, keiner anderen zu vergleichende Weise", in welcher wir uns des Willens bewusst sein sollen, nur von Sch. zu dem Zwecke erfunden ist, um durch einen unterirdischen Gang, eine geheime Verbindung, mit Einem Male in die Festung zu gelangen, in die er keinen Weg von Aussen zu finden weiss (II. 219). In der That aber hat die Erscheinung des Willens in unserem Bewusstsein vor anderen Erscheinungen nicht das Geringste voraus, und ist einfach Bewusstseins-Objekt wie diese, also auch in demselben Sinne wie alle anderen von dem Subjekt des Erkennens abhängig, während die Frage, ob dieser Erscheinung eine mehr als subjektive Vorstellungs-Realität zukommt, oder ob sie etwas blosser Schein sei, durchaus nur ebenso wie dieselbe Frage in Bezug auf jede andere Erscheinung gelöst werden kann, nach den von Schopenhauer adoptirten Kantischen Principien aber nothwendig im letzteren Sinne entschieden werden muss, — ein Resultat, mit dem freilich der Grundstein des Schopenhauer'schen Systems in Illusion zerrinnt. Aber nehmen wir auch einmal an, dem wäre anders, so stände doch der Wille an sich ausser der Zeit, unfähig, jemals in dieselbe einzugehen, unfähig jeder realen Veränderung, jeder Function, unfähig also auch der Function des Wollens, — denn die Zeit soll ja bloss zur subjektiven Anschauung gehören. Was, frage ich, kann ein solches Princip der Metaphysik nützen, was kann es in seiner starren todten Unveränderlichkeit und Regungslosigkeit erklären? Nichts von alledem, was um uns vorgeht, rein gar nichts! Alle scheinbaren Erklärungen durch die Functionen des Willens wären ja doch in Wahrheit bloss Erklärungen mit Hülfe der Erscheinungsobjekte, welche wir Functionen des Willens nennen gegen unser besseres Wissen, dass der Wille gar nicht functioniren kann!

Die Vereinigung des Willens mit dem Erkenntnisssubjekt könnte hiernach nur eine vorgestellte Einheit der Erscheinungen beider bedeuten, da das Subjekt nur in der Sphäre der Vorstellung als abhängig vom Objekt existirt, also das, was sich mit ihm vereinigen will, auch erst zu diesem Zweck in die Sphäre der Erscheinung oder Vorstellung herabsteigen muss, wo dann mit der Unmöglichkeit auch das „Wunder" aufhört. Gesetzt endlich, ich hätte durch unmittelbares Bewusstsein den Willen in mir als mein Ding an sich, und als in bestimmten Beziehungen zu demjenigen unter meinen Vorstellungs-Objekten stehend erkannt, welches ich meinen Leib nenne, so bliebe zwar die Möglichkeit offen, dass in anderen, gleich mir beschaffenen, aber mir gänzlich unerkennbaren Individuen das Beispiel dieses Verhältnisses zwischen ihrem Willen und ihrer Leibesvorstellung sich wiederholte, aber schlechterdings unerfindlich bliebe auch dann noch, wie es möglich sein sollte, dass der Wille, welcher das Ding an sich des einen Individuums bildet, irgend welche Beziehungen haben könnte zu einem bestimmten Vorstellungsobjekt in der Vorstellungswelt eines anderen Individuums. Da alle möglichen und denkbaren Beziehungsweisen auf die Beziehungen zwischen den Objekten in der Vorstellungswelt eines und desselben Individuums eingeschränkt sind, so bleibt nichts übrig als eine prästabilirte Harmonie zwischen den Functionen meines Willens (z. B. den Arm zu heben) und der Veränderung eines bestimmten Objekts in der Vorstellungswelt meines anwesenden Freundes (welcher eine menschliche Gestalt den Arm erheben sieht). Denn selbst eine jedesmalige mystische Vermittelung des All-Einen Willens ist deshalb unmöglich, weil zur Vermittelung doch Action, mithin reale Zeit gehört, während der Wille zeitlos und deshalb functionslos gedacht werden soll; auch die Gleichzeitigkeit des Vorgangs in den beiden Vorstellungswelten hat keine reale Bedeutung, so dass eine Uebereinstimmung in den Geschwindigkeiten der subjektiven Zeitläufe und eine reale Coincidenz selbst bei Annahme einer prästabilirten Harmonie unbegreiflich bleibt, weil jedes gemeinsame reale Zeitmaass für gleichmässige Normirung der Geschwindigkeiten der subjektiven Zeitläufe unmöglich ist. Schopenhauer hat diese Frage nach der Art der Vermittelung zwischen correspondirenden Objekten verschiedener Vorstellungswelten stets geflissentlich umgangen, auch da, wo sie ihm nahe genug gelegen hätte (z. B. I. 124). Diese Frage ist deshalb so wichtig, weil bei der Unmöglichkeit ihrer Lösung jede Berechtigung verschwindet, mit einem bestimmten Objekt meiner Vorstellungswelt, z. B. meinem Pudel, den Begriff einer Beziehung mit einem aus Willen bestehenden Ding an sich (einem Pudelwillen) willkürlich zu verknüpfen, welches doch eingestandenermaassen erstens für mich gar nichts ist, zweitens mit diesem bestimmten Objekt gar keine reale Beziehung hat und haben kann, und drittens ihm auch in keiner Weise ähnlich sein soll. Wie bei einer so absoluten Beziehungslosigkeit zwischen Objekt und Ding an sich eine genaue Uebereinstimmung zwischen den concreten Bestimmungen des Vorstellungsobjekts und gewissen entsprechenden Modificationen des Willens als Dinges an sich möglich sein soll (Parerga 2. Aufl. §. 103 b), ist völlig unbegreiflich. Als reiner Machtspruch aus Verlegenheit erscheint hiernach folgender Ausspruch (II. 216): „Das angeschaute Objekt aber muss etwas an sich selbst sein, und nicht bloss etwas für Andere: denn sonst wäre es schlechthin nur Vorstellung, und wir hätten einen absoluten Idealismus, der am Ende theoretischer Egoismus würde, bei welchem alle Realität wegfällt und die Welt zum blossen Phantasma wird." Die reductio ad absurdum ist wohl als Consequenz erkannt, aber nicht die Möglichkeit, ihr zu entgehen, begriffen; denn das Objekt

ist bloss und durch und durch Vorstellungs- oder Bewusstseinsinhalt und weiter gar nichts, so dass es ein Widerspruch
ist, dass es ausserdem noch etwas an sich selbst sein soll;
es kann aber auch bei Schopenhauer's Prämissen nicht einmal
ein reales Correlat zu demselben gedacht werden.
Man sieht also aus diesen Darlegungen, dass Schopenhauer's
Versuch, unter Beibehaltung der Kantischen Prämissen auf einem
anderen Wege als Kant zum Ding an sich zu gelangen, als durchaus gescheitert betrachtet werden muss, so dass wir ohne die Besorgniss, durch die Beschränkung auf Kant etwas versäumt zu
haben, zu diesem zurückkehren können, um so mehr, als selbst
Fichte in Bezug auf die Existenz des Ich in starrer Dogmatik
befangen, in Bezug auf dessen Essenz aber einer unproductiven
Dialektik ergeben ist.

IV.

Die transcendente Ursache.

Kant war von dem Bedürfniss, die Erfahrung zu erklären,
ausgegangen; „die höchste Aufgabe der Transcendentalphilosophie"
war ihm: „wie ist Erfahrung möglich?" (I. 507). Er hatte, um
diesem in der Natur wurzelnden Erklärungsbedürfniss Genüge zu
thun, Annahmen oder Unterstellungen (Suppositionen, Hypothesen) gemacht, welche unter der Voraussetzung, dass es Erfahrung gebe, die Aufgabe hatten, die Möglichkeit dieser Thatsache
begreiflich zu machen. Diese Hypothesen sind die transcendentale Idealität von Raum, Zeit und Kategorien. Indem nun aber
ferner Kant durch seine indirekten Beweise dargethan zu haben
glaubt, dass unter jeder anderen Annahme Erfahrung unmöglich,
hält er die seinige für unzweifelbaft gewiss, nicht bloss für wahrscheinlich oder möglich (II. 52, 54), — immer unter seiner dogma-
tischen Voraussetzung, dass es Erfahrung giebt. Wir haben nun
in dem Vorhergehenden an der Hand Kant's die Consequenzen
seiner Hypothese Schritt für Schritt verfolgt, wobei wir nur an

wenigen Punkten genöthigt waren, eine Correctur eintreten zu lassen, wo nämlich Kant inconsequenter Weise seinen bereits dargelegten consequenten Ansichten selbst widersprach. Diese Betrachtung hat das Resultat ergeben, dass die Annahme, welche den Zweck hatte, die Möglichkeit der Erfahrung zu erklären, die Unmöglichkeit derselben demonstrirt hat, da sie alle anscheinende Erfahrung als absolute Illusion erwiesen hat. Wir stehen hiernach vor der Alternative: entweder die Annahmen Kant's behufs der Erklärung sind richtig, dann ist das zu Erklärende falsch und nichtig, oder aber das zu Erklärende ist, dann sind die Kant'schen Annahmen falsch. Im ersteren Falle hört jeder Erklärungsversuch auf, einen Sinn zu haben, und das Erklärungsbedürfniss in der menschlichen Natur wird zur Chicane, wie das ganze Dasein zur Prellerei; im letzteren Falle bleibt die Möglichkeit offen, auf einem anderen Wege zur Erklärung der Erfahrung zu gelangen, vielleicht auf einem Wege, der nur in einer Modification des Kantischen besteht. Ob dann Erfahrung ist, oder ob dies bloss so scheint, das kann nur durch das Gelingen des Erklärungsversuchs entschieden werden, und es ist nur ein Rest des alten metaphysischen Dogmatismus, dass Kant das erstere als selbstverständlich annimmt.

Es wird die Aufgabe dieses Abschnittes sein, zu zeigen, wie Kant selbst diejenige Modification an seiner Annahme vorgenommen hat, welche allein im Stande ist, die Erklärung zu ermöglichen, dass er aber über den Widerspruch, in den er sich durch das stricte Festhaltenwollen seines oben dargelegten Standpunktes einerseits und die Anerkennung der Nothwendigkeit einer Modification desselben andererseits versetzt, mit sich selbst nicht in's Reine gekommen ist. Der nächste Abschnitt wird dann zu zeigen haben, dass Kant versäumt hat, die bei einem Theil seiner Principien als nothwendig anerkannte Modification auf die ganze Ausdehnung derselben durchzuführen. Durch die Darlegung dieses von Kant selbst unausgeglichenen Widerspruches in seinen Ansichten und theoretischen Absichten werden wir den Schlüssel gewinnen zum Verständniss der Thatsache, dass die entgegengesetztesten Auffassungen des Erkenntnissproblems sich auf Kant zu stützen vermögen in dem guten Glauben, nur das vorzutragen, was Kant eigentlich im Grunde seiner Seele hat sagen wollen.

Wir haben gesehen, dass das Problem sich dahin zuspitzt, wie die Wahrnehmung (im Unterschiede von der Einbildung oder Phantasievorstellung) mittelbar eine mehr als subjektive Realität erhalten, und dadurch die Würde der Erscheinung bewahren könne, statt zum blossen Schein herabzusinken. Wir hatten die mögliche Lösung des Problems näher dahin präcisirt gesehen, dass es sich darum handele, ein Transcendentes positiv bestimmen zu können, um die transcendentale Beziehung, welche jede Wahrnehmung instinctiv vor der Phantasievorstellung voraushat, zu einer durch die Wirklichkeit und Correlativität des Transcendenten berechtigten zu machen. Das Vorstellungsobjekt ist und bleibt mithin bewusstseinsimmanent, gleichviel ob ihm transcendentale Beziehung zugeschrieben wird oder nicht, gleichviel ob die ihm zugeschriebene transcendentale Beziehung an der positiven Existenz eines transcendenten Correlats eine Berechtigung findet oder nicht. Der Versuch, dem Vorstellungsobjekt eine transcendentale Beziehung zuzuschreiben, bleibt unberechtigt, so lange nicht die Existenz des transcendenten Correlats anderweitig positiv als möglich und wahrscheinlich nachgewiesen ist, — sie bleibt in sich selbst widersprechend, so lange die Unmöglichkeit behauptet wird, die Existenz eines transcendenten Correlats als positiv wahrscheinlich zu erkennen, und so lange jede Möglichkeit einer Relation zwischen dem Immanenten und dem (eventuellen) Transcendenten geleugnet wird, in Folge welcher überhaupt erst von einem transcendenten Correlat des Objekts die Rede sein kann. Dies alles haben wir in den vorigen Abschnitten gründlich eingesehen. Es handelt sich jetzt darum, die positive Bestimmung des Transcendenten, die Wahrscheinlichkeit seiner Existenz, und die Möglichkeit seiner Relation zum Immanenten zur versuchsweisen Aufgabe zu machen.

Da wir bei diesem Versuche keinen anderen Ausgangspunkt haben, als den immanenten Standpunkt, so kann in erster Reihe alle Erkenntniss des Transcendenten nur die Erkenntniss der Relation des Transcendenten zum Immanenten sein, denn nur diese allein kann die Brücke sein, auf welcher wir mit dem Gebiete des Transcendenten einen Verkehr unterhalten können, der uns von der Beschaffenheit desselben indirekt unterrichtet. Die reale Relation zwischen beiden Gebieten allein ist der Berührungspunkt, in dem ein Connex zwischen ihnen stattfinden kann; gäbe es keine solche, so wäre jede Möglichkeit abgeschnitten, dass wir von einer Welt der Dinge an sich irgend eine Kunde erlangen könnten, oder dass sie uns irgend etwas anginge. Selbst wenn wir (was unmöglich ist) in diesem Falle noch Kunde von ihr erlangen könnten, so wäre jeder Versuch, eine gedankliche (transcendentale) Beziehung zwischen Objekten und solchen Dingen an sich zu statuiren, ein unberechtigter, willkürlicher und verkehrter, da ihm jede reale Basis fehlte. Es ist also klar, dass, wenn es ein transcendentes Gebiet giebt, dasselbe von uns nur dann erkannt werden kann, und nur dann uns irgend etwas angeht, wenn reale Beziehungen zwischen ihm und unserem Bewusstseinsinhalt stattfinden; ebenso klar ist es, dass die Erkenntniss dieser realen Beziehungen die einzige Kenntniss ist, die wir an und durch sich selbst von den Dingen an sich erlangen können (716), da sie gleichsam Fäden bilden, deren eines Ende wir in der Hand haben, — dass hingegen alle etwaige fernere Erkenntniss von der Welt der Dinge an sich nur durch diese realen Beziehungen zu uns vermittelt sein kann, dass sie stets an diese anknüpfen und nur mit ihrer Hülfe sich erbauen kann. — Es liegt nahe, dass wir den Anknüpfungspunkt für eine solche reale Beziehung mit dem Transcendenten nicht in den vom Verstande zu dem gegebenen Anschauungsstoff spontan hinzugefügten Denkformen zu suchen haben, also auch nicht in den Resultaten dieser logischen Synthesen, den fertig construirten Vorstellungsobjekten, sondern in dem allerursprünglichsten Bewusstseinsinhalt, in demjenigen, was, wenn irgend etwas, instinctiv den Eindruck des Gegebenen macht, also in der Materie der Anschauung, d. h. in der sinnlichen Empfindung. Die Empfindung aber ist nach Kant eine Beschaffenheit oder ein Zustand oder eine Modification des Gemüths, welche auf einer Function der Sinnlichkeit beruht, die ihrerseits wiederum nicht spontaner Natur ist (wie die Verstandesfunctionen), sondern als eine Reaction der Seele auf gewisse empfangene Eindrücke zu betrachten ist, von welchen die Receptivität der Seele afficirt wurde (vgl. I. 380 unten; II. 31, 55, 56, 124, 390 unten). Unter „afficiren" kann man nichts anderes verstehen, als eine Handlung auf die zu afficirende Receptivität ausüben (748). Dass der Sinn oder die Sinnlichkeit durch Eindrücke „afficirt" werde, ist eine stehende Wendung Kant's. Durch die Art und Weise des Afficirtseins ist die Modification, mit welcher die Sinnlichkeit reagirt, d. h. die Art und Stärke (Qualität und Intensität) der Empfindung bestimmt, und da die Empfindung die Materie der Anschauung ist, so ist durch die Art des Afficirtseins die Materie der Anschauung gegeben. — Fragen wir nun: Wer oder was afficirt uns? Wer oder was übt die Handlung auf unsere Receptivität aus, durch welche die Modification unserer Sinnlichkeit bestimmt wird? Die Antwort lautet zunächst nur negativ: es kann nicht das Vorstellungsobjekt sein; denn das Vorstellungsobjekt ist erst aus der zu erklärenden Materie der Anschauung durch die Synthesis des Verstandes entwickelt oder aufgebaut worden; es kann also das Abgeleitete nicht dem zu erklärenden Ursprünglichen vorhergegangen sein und dieses hervorgerufen haben. Es würde „sinnenleer" sein, sich noch besonders dagegen verwahren zu wollen, „dass die Vorstellungen äusserer Gegenstände (die Erscheinungen) nicht äussere Ursachen der Vorstellungen in unserem Gemüthe sein können", „weil es Niemandem einfallen wird, das, was er einmal als blosse Vorstellung anerkannt hat, für eine äussere Ursache zu halten" (311). Wäre dasjenige, was die Sinnlichkeit afficirt, wieder nur Vorstellung, immanenter Bewusstseinsinhalt, so unterschiede sich die Wahrnehmung nicht von der Ideenassociation, wo eine Vorstellung immer die andere hervorruft, und die Entstehung der ersten Wahrnehmung bliebe unerklärbar (Fichte's räthselhafter „Anstoss").

Es bleibt also, wenn man ein Afficirtwerden der Sinnlichkeit annimmt, nichts übrig, als das Handelnde dieses Afficirens in einem Transcendenten zu suchen. Hiermit hätten wir also in dem „Afficiren" die gewünschte Brücke zwischen Transcendentem und Immanentem gefunden (wobei vorläufig dahingestellt bleibt, ob das afficirende Transcendente als Ding an sich oder als Ich an sich zu betrachten sei). Es ist nun aber offenbar, dass diese Handlung des Afficirens, welche einen Eindruck in der Receptivität hervorbringt, und durch diesen eine Empfindung als Modification der Sinnlichkeit hervorruft, nicht füglich anders genannt werden kann, als Cau- salität. Freilich nicht, wenn man das Wort Causalität auf die Regel einer Verknüpfung von Vorstellungen unter einander beschränkt, wohl aber dann, wenn man unter Causalität das Gesetz einer Verknüpfung von Seiendem überhaupt versteht, wonach, wenn eines gesetzt ist, ein anderes nothwendig mitgesetzt ist (I. 449). Fasst man den Begriff in dieser erweiterten Gestalt, so hindert nichts mehr, denselben auf die nothwendige und gesetzmässige Verknüpfung einer gewissen Handlung eines Transcendenten mit einer gewissen Modification meiner Sinnlichkeit anzuwenden (423). Eine solche Verknüpfung müsste also (da nur ihr eines Ende im Immanenten, sie selbst aber als Verknüpfung schon jenseits des Immanenten liegt) transcendente Causalität heissen im Gegensatz zur immanenten Causalität, welche nur Verknüpfung von Vorstellungen (Erscheinungen) unter einander ist. Das afficirende Transcendente würde hiernach die transcendente Ursache der Empfindung sein. Kant braucht hier ganz falsch transcendentale Ursache, welches ja wiederum nur eine immanente Ursache, d. h. eine Vorstellung sein würde, an welcher Immanenz die dem Inhalt anhaftende transcendentale Beziehung nichts ändern kann. Ebenso unpassend ist der Ausdruck intelligible Ursache, welcher mit Kant's altem Leibnizischen Irrthum zusammenhängt, als ob das Gebiet der reinen Vernunft oder die intelligible Welt zugleich die an sich seiende oder transcendente Welt wäre, während doch Kant selbst nachweist, dass das Noumenon inintelligibel ist, weil es jenseits des Bewusstseins überhaupt liegt, also gleich transcendent für Sinne wie Verstand ist. Wollte nun jemand bestreiten, dass das Transcendente Ursache sein könne, so wäre dies ganz grundlos, da doch niemand von etwas ihm ganz Unbekannten behaupten kann, dass ihm ein ihm nicht widersprechendes Attribut nicht zukomme, da niemand von dem, was er nicht kennt, ausmachen kann, was dieses Unbekannte thun oder nicht thun könne (311—312).

Wir haben nunmehr die gesuchte positive Bestimmung für das Transcendente gefunden: es ist die (transcendente) Ursache der Empfindung (also indirekt aller Erscheinung). Indem wir die Vorstellung dieser transcendenten Ursache der Empfindung vor unserem Bewusstsein entwickeln, gewinnen wir ein Vorstellungsobjekt, welches ein Recht hat, transcendental zu heissen, da es sich auf ein positiv-Transcendentes bezieht. Die transcendente Ursache und dasjenige transcendentale Objekt, welches ihr Vorstellungsrepräsentant im Bewusstsein ist, sind mithin Correlate;

aber sie sind nicht identisch, denn das eine liegt jenseits alles Bewusstseins, das andere in demselben. Kant vergisst dies häufig, und verwirrt beide, indem er behauptet, das transcendentale Objekt sei selbst die Ursache der Erscheinung (234 unten, 318, 391), während er doch, wie oben dargethan, selbst nachweist, dass niemals ein Objekt Ursache der Empfindung sein könne, weil jedes Objekt (auch das transcendentale) nur Vorstellung ist, welche Empfindung schon voraussetzt. Kant wird zu dieser Verwechselung durch den Irrthum getrieben, als ob dem empirischen Objekt ein transcendentales Objekt zum Grunde läge (also eine Vorstellung der anderen), was eine ganz schiefe Auffassung ist, da jedem empirischen Objekte im Wahrnehmungsact instinctiv die transcendentale Beziehung ertheilt wird, also das empirische Objekt selbst das transcendentale Objekt ist, ohne von ihm noch unterscheidbar zu sein.*) Dem Objekt der Einbildungskraft allein fehlt die transcendentale Beziehung; ihm liegt nichts zu Grunde. Dem empirischen oder transcendentalen Objekt liegt eben etwas Transcendentes zu Grunde, und nichts anderes besagt das Beiwort transcendental. Das zu Grunde liegende Transcendente bedeutet aber nichts anderes als den Grund der Erscheinungen (303), d. h. die transcendente Ursache derselben. Aehnlich bezeichnet auch Kant die intelligible (transcendente) Welt als das Substrat der (phänomenalen) Körperwelt (I. 479).

Wir können von der transcendenten Ursache oder dem Grund der Erscheinung jedenfalls einige weitere negative Behauptungen aufstellen, durch die wir dieselbe von den uns unmittelbar bekannten Erscheinungen unterschieden. Zunächst muss dasjenige,

*) So bedeutet auch empirische Realität nichts anderes, als transcendentale (d h. eine durch instinctive Beziehung auf ein Transcendentes vermittelte) Realität, nur dass die transcendentale Beziehung hier nicht immer explicite im Bewusstsein vorhanden zu sein braucht. Aehnlich wird auch „objektiv" häufig für „transcendental" gebraucht, indem man bei ersterem Adjectiv nur an empirisch gegebene Objekte denkt, denen die transcendentale Beziehung eo ipso implicite innewohnt. In diesem Sinne ist es zu verstehen, wenn man das Objektive dem Subjektiven gegenüberstellt, und von „objektiver Realität" (von Kant als Wechselbegriff von „empirischer Realität" behandelt) oder von objektiver Wahrheit spricht, — eine Thatsache, die sich freilich für Kant's Blick wegen ihrer unmittelbaren Unbewusstheit häufig verdunkelt.

was Ursache der Empfindung und durch diese mittelbar des Vorstellungsobjektes sein soll, in seinem Dasein unabhängig sein von der Sinnlichkeit und dem Verstande (II. 208), während die Vorstellungen von beiden abhängig sind. Das Transcendente kann die Function der Causalität oder seine Einwirkung auf die Sinnlichkeit nur dann ausüben, wenn es eine von den subjektiven Functionen unabhängige, „für sich bestehende Wirklichkeit" besitzt (443), wenn es „vor aller Erfahrung an sich selbst gegeben ist" (391), während alle Vorstellungen nur in und mit dem Bewusstseinsact gegeben sind, und höchstens eine in diesem (nicht für sich) bestehende Wirklichkeit haben. So zeigt sich das der Erscheinung zu Grunde liegende als ein Ding an sich selbst (802). Dem verfehlten Beweisversuch auf S. 773 und 686 liegt das richtige Gefühl zu Grunde, dass „die Vorstellung von etwas Beharrlichen im Dasein nicht einerlei ist mit der beharrlichen Vorstellung", dass unsere transcendentalen Vorstellungsobjekte wandelbar und wechselnd, d. h. discontinuirlich und intermittirend sind, während die Dinge an sich, worauf wir sie beziehen, als ununterbrochen seiend gedacht werden, also als stetig und beharrlich, wenn sie zeitlich gedacht würden. Endlich hindert nichts, dass ein und dasselbe Ding an sich als transcendente Ursache verschiedene Bewusstseine auf gleiche Weise afficire, also, gleiche Sinnlichkeiten voraussetzt, in ihnen die gleichen Empfindungen hervorrufe, welche durch gleiche synthetische Verstandesfunctionen zu gleichen Vorstellungsobjekten verarbeitet werden. Auf diese Weise würde sich die qualitative Gleichheit numerisch verschiedener Vorstellungsobjekte in verschiedenen Bewusstseinen bei bewusster transcendentaler Beziehung auf ein und dasselbe (für alle Bewusstseine als numerisch identisch geltende) Ding an sich erklären; „denn es wäre kein Grund, warum Anderer Urtheile nothwendig mit dem meinigen übereinstimmen müssten, wenn es nicht die Einheit des Gegenstandes" (bedeutet hier „Dinges an sich") „wäre, auf den sie sich alle beziehen, mit dem sie alle übereinstimmen" (worin ihre Wahrheit besteht) „und daher auch alle unter einander zusammenstimmen müssen" (III. 58). Nur dann, können wir hinzufügen, wenn das numerisch identische Ding an sich die Bewusstseine analog afficirt, nur dann ist eine Correspondenz der Bewusstseine mit einander vermittelst des numerisch identischen, von ihnen allen unabhängigen, beharrlichen Dinges an sich möglich, falls ausserdem noch die zweite Voraussetzung erfüllt ist, dass die Dinge an sich von dem Bewusstsein aus vermittelst des Willens afficirt oder verändert werden können. Nur unter diesen Voraussetzungen ist es möglich, dass mein Bewusstsein überhaupt von der Existenz anderer ihm ähnlicher Bewusstseine etwas erfährt, oder zu deren Annahme eine Berechtigung gewinnt; denn ein unmittelbarer Verkehr zwischen Bewusstseinen kann für diesen Zweck nicht angenommen werden, und der immanente Bewusstseinsinhalt als solcher ohne berechtigte Beziehung auf ein für alle Bewusstseine identisches Transcendentes vermag natürlich keine Vermittelung herzustellen, da er ohne diese transcendentale Beziehung ganz in die subjektive individuelle Sphäre gebannt bleibt. Wir dürfen aus den angeführten Stellen schliessen, dass Kant durch einen ähnlichen Gedankengang, und durch das instinctive Bedürfniss, die Isolirung des Solipsismus aufzuheben, dazu bewogen wurde, das unabhängige, stetige, numerisch identische Ding an sich nicht fallen zu lassen, und deshalb denjenigen so energisch entgegenzutreten, welche seine Lehre mit dem das Ding an sich verwerfenden Berkeley'schen Idealismus in einen Topf werfen wollten, — ein Standpunkt, dessen volle Consequenzen sich oben enthüllt haben. Aus diesem Gesichtspunkte hatte Kant schon in der ersten Auflage unumwunden davon gesprochen, dass es die Dinge an sich seien, welche uns durch Vorstellungen afficiren (162, vgl. 288), und hatte ebendaselbst (311—313; 391, 418— 423; vgl. 93) die Lehre von der transcendenten Causalität in einer keinen Zweifel übrig lassenden Deutlichkeit vorgetragen. Es ist demnach ein grosser Irrthum, wenn man behauptet, dass Kant diese realistische Seite erst in der zweiten Auflage mehr hervorgekehrt habe; im Gegentheil hat er die Hauptstellen über die transcendente Ursache (311—13 und 391) in der zweiten Auflage unterdrückt, offenbar um den Widerspruch gegen die transcendentale Analytik nicht länger gar zu grell hervortreten zu lassen. Dass er sich in der zweiten Auflage gegen die Identificirung seiner Lehre mit der Berkeley's verwahrt, darin ist er entschieden im Recht, wenn auch die Form seiner Verwahrung verunglückt ist, und er der letzteren im Einzelnen nicht einmal gerecht wird. Im Ganzen scheint mir deshalb die zweite Auflage einen mehr idealistischen Anstrich zu haben, als die erste, besonders weil die Fassung des Abschnitts von der Eintheilung in Phänomena und Noumena schärfer geworden ist in Bezug auf Darlegung der Nichtigkeit des transcendentalen Objekts. Freilich ist dieser Unterschied sehr gering, und der Hauptcharakter der zweiten Auflage besteht in dem Versuch, durch Weglassungen nach beiden Seiten die in der ersten Auflage allzu offen liegenden Widersprüche etwas mehr zu verstecken, ohne doch principiell irgend etwas an ihnen zu ändern.

Erst drei Jahre nach der zweiten Auflage lässt sich Kant durch eine den Idealismus tadelnde Kritik Eberhard's zu einer Erklärung provociren, welche zwar nichts anderes, als die erste Auflage, aber dasselbe in noch unzweideutigerer Form sagt. Die Stelle (I. 436) lautet, wie folgt:

„Nachdem er (Eberhard) S. 275 (seiner Polemik) gefragt hat: „Wer (was) giebt der Sinnlichkeit ihren Stoff, nämlich die Empfindungen?" so glaubt er wider die Kritik abgesprochen zu haben, indem er S. 276 sagt: „wir mögen wählen, welches wir wollen, so kommen wir auf Dinge an sich." Nun ist ja das eben die beständige Behauptung der Kritik; nur dass sie diesen Grund des Stoffes sinnlicher Vorstellungen nicht selbst wiederum in Dingen, als Gegenständen der Sinne, sondern in etwas Uebersinnlichem setzt, was jenen zum Grunde liegt, und wovon wir keine Erkenntniss haben können. Sie sagt: die Gegenstände, als Dinge an sich, geben den Stoff zu empirischen Anschauungen (sie enthalten den Grund, das Vorstellungsvermögen, seiner Sinnlichkeit gemäss, zu bestimmen), aber sie sind nicht der Stoff derselben." — Wir haben aus dieser Stelle die Erläuterung zu entnehmen, dass überall, wo in der Kritik gesagt ist, dass es der Gegenstand oder das Objekt sei, durch welchen der Stoff der Anschauung gegeben werde (742), oder welcher das Gemüth afficirt (31), hierunter nicht das Vorstellungsobjekt zu verstehen ist (was Kant, wie oben dargethan, selbst für unmöglich erklärt), sondern das Ding an sich. Es hängt dies mit dem durchgehenden Doppelsinn des Kant'schen Sprachgebrauchs zusammen, wonach sowohl Gegenstand und Objekt, als auch Ding, Körper,

real, ausser uns, objektiv, objektive Realität bald im immanenten,
bald im transcendenten Sinne gebraucht werden*), was das Verständniss der Kritik ohne jeden Nutzen oder Nothwendigkeit natürlich ungemein erschwert.

Dass das Ding an sich die transcendente Ursache der Empfindung ist, diese Annahme Kant's haben wir bisher als die einzig
denkbare und anscheinend zweckdienliche Hypothese erkannt, um
die Erfahrung erklärlich zu machen und durch Gewinnung eines
transcendentalen Hintergrundes für den Vorstellungsinhalt uns vor
dem absoluten Illusionismus (als der unvermeidlichen Consequenz
der gegentheiligen Ansicht) zu retten. Wir führten, wohlgemerkt,
diese Untersuchung von jenem Standpunkte aus, wo Objekt und
Subjekt in gleicher Weise nur Erscheinungen sind, hatten also
bis jetzt gar keine Veranlassung, die transcendente Ursache für
unsere Vorstellungen entweder zu dem Objekt (Ding) oder zu dem
Subjekt (Ich) in nähere Beziehung zu setzen.

Es bleibt die Frage offen, ob denn überhaupt mehr als Eine
transcendente Ursache für alle unsere Vorstellungen existirt. (Doch
ist hier nur von der unmittelbaren und nächsten Ursache der
Modification der Sinnlichkeit die Rede, und deshalb die Frage
nicht zu verwechseln mit der ganz heterogenen nach der sub-
stantiellen Einheit oder Vielheit des den Dingen an sich zu
Grunde liegenden Wesens). Giebt es überhaupt nur Eine Ursache, dann ist es gleichgültig, ob wir dieselbe „Ding an sich",
oder „Ich an sich" nennen, da sie dem Objekt wie dem Subjekt
in gleicher Weise Ursache ist. Diese Eventualität ist es, welche

---

*) Kant selbst erläutert den Doppelsinn von „Gegenstand" und „ausser
uns" auf S. 298—9, den von „Gegenstand" ausserdem auf S. 718 und 783.
Der Ausdruck „objektive Realität", den er meistens (z. B. 301, 776, 778) immanent versteht, braucht er in transcendentem Sinne auf S. 310, 443, 446, 719,
I. 444. Das Wort „objektiv" (ohne Verbindung mit „Realität") steht ausser-
dem noch einigemal für „transcendent", z. B. auf S. 43, 715, I. 441. „Ding"
und „Körper" nimmt er für gewöhnlich immanent, bisweilen aber auch transcen-
dent, so dass „Ding" für „Ding an sich" (201, 203, 773), und „Körper" für
„Körper an sich" steht (I. 480). Der natürliche Sprachgebrauch versteht unter
„Ding" immer ein vom Bewusstsein Unabhängiges, d. h. ein „Ding an sich."
Die ihre Relation auf das Subjekt in sich tragenden Ausdrücke „Objekt" und
„Gegenstand" können hingegen ohne Widerspruch nicht von dieser Beziehung
losgerissen werden. Es dürfte sich mithin empfehlen, künftig „Objekt" und
„Ding" sich als das Immanente und Transcendente einander gegenüberzustellen.

Kant auf S. 287—288 andeutet, und welche Fichte weiter ausgeführt hat. Da indessen die transcendente Ursache ein für allemal ausserhalb des reinen formalen Idealismus liegt (da sie den Principien der transcendentalen Analytik widerspricht), so scheint es nicht viel Unterschied für den strengen Idealisten zu machen, ob diese Inconsequenz so oder so näher bestimmt wird; daher kann auch die Weglassung dieser Andeutung in der zweiten Auflage nicht für eine Beeinträchtigung des idealistischen Charakters angesehen werden. Wer aber so wie so mit dem formalen Idealismus so weit gebrochen hat, dass er eine transcendente Ursache zu supponiren sich genöthigt bekennt, für den wird die Frage von entscheidender Wichtigkeit, ob „unsere Vorstellungen durch den Einfluss äusserer Dinge entspringen, oder durch innere Ursachen gewirkt seien" (93), oder ob erst eine Combination beider Bedingungen die vollständige oder zureichende Ursache derselben bilde. Das „innere" und „äussere" ist hier natürlich nur bildlich zu verstehen; die Frage ist, ob unser (bewusster oder unbewusster) Wille allein die Anschauungen producirt (Fichte), oder ob die Receptivität des Bewusstseins eine absolut passive sei, welche schlechthin unthätig die Anschauungen über sich ergehen lässt, wie sie ihr gegeben werden, und ohne irgendwie an ihrer Erzeugung mitzuwirken, oder an den gegebenen etwas zu modificiren (Berkeley), — oder ob Production von der einen Seite und Bestimmung der Art und Richtung dieser Production von der anderen Seite zum Zustandekommen der Vorstellungen cooperiren. Kant's gesunder Sinn, der ihn fast überall vor den Extremen schützt, lässt ihn auch hier die rechte Mittelstrasse erwählen, und deshalb musste er das geistreiche, aber irreleitende Aperçu der ersten Auflage in der zweiten unterdrücken. Schon in seiner Habilitationsschrift vom Jahre 1755 hatte er mit vollster Entschiedenheit erklärt: „Anima nempe internis mutationibus est obnoxia (per sensum internum), quae cum e natura ipsius solitario et extra nexum cum aliis spectata oriri non possint, p. demonstrata: plura extra animam adesse necesse est, quibus mutuo nexu complexa sit" (I. 38). Dieser Ansicht ist Kant in allen Phasen seines Lebens unwandelbar treu geblieben.

Dass der Wille bei der Vorstellungsproduction betheiligt ist,

dies beweist die Selbstaffection des Gemüths, d. h. die Affection
der Sinnlichkeit durch die Einbildungskraft (747), sei es vermittelst bewusster Willkür wie in den Phantasiespielen, sei es vermittelst unbewussten Willens wie in den Träumen und Hallucinationen. Die Unmöglichkeit, letztere von der Sinneswahrnehmung nach subjektiven Kriterien zu unterscheiden, beweist, dass
beide in ihrer Entstehung erhebliche Verwandtschaft haben müssen,
und keinenfalls toto genere verschieden sein können, so dass,
etwa wie Berkeley will, die ersteren vom Ich producirt und percipirt, die letzteren aber von einer ganz fremden transcendenten
Ursache producirt, dann in fix und fertigem Zustande der Seele
imprägnirt und von dieser rein receptiv percipirt würden. Ein
so himmelweiter Unterschied ist offenbar unstatthaft. Die Seele
muss in beiden Fällen die Anschauung vermöge ihrer Sinnlichkeit selbstthätig produciren, wenn auch diese Productionsfunction
nur eine Reaction in Folge der Afficirung ist, die nur allerdings
das einemal von innen, das anderemal von aussen kommen kann
(750). So werden wir jedenfalls zur Annahme einer inneren
Ursache getrieben, welche bei unseren nunmehrigen Auffassungen von Ursache, Substanz u. s. w. sehr wohl das Vermögen der productiven Functionen genannt werden kann. Wollte
man man aber das Bestehen äusserer Ursachen neben dieser inneren, das Bestehen von Dingen an sich neben dem Ich
an sich leugnen, so würde man dadurch von Neuem auf den
Solipsismus zurückgeworfen, da die Möglichkeit einer Kunde
von anderen Bewusstseinen aufgehoben wäre. Der Solipsismus
aber ist offenbar eine weit schlechtere Hypothese behufs Erklärung der Erfahrung, als die Annahme einer Mehrheit von Bewusstseinen und des Verkehrs derselben durch Dinge an sich.
Berkeley hat nun zwar auch eine innere Ursache (Ich an sich)
und eine zweite transcendente Ursache, welche nicht Ich ist;
aber dies ist eben jener Eine, für alle Wahrnehmungen identische
Producent der Anschauungen, welche das Subjekt passiv percipirt, welcher also in keiner Correlativität zu den Vorstellungsobjekten in dem Sinne steht, dass diese durch die Beziehung auf
jene transcendente Ursache eine mittelbare (transcendentale) Realität erhalten, wie es bei correlativen Dingen an sich geschieht.
Durch diese Auffassung, die wir nur als Deus ex machina be-

zeichnen können, wird aber der ganze Nutzen, den man durch
die Hypothese einer äusseren Ursache neben der inneren gewinnen wollte, wieder eingebüsst, so dass diese Hypothese als ganz
überflüssig, mithin unberechtigt, erscheint, da dann der Fichte'sche
Standpunkt von bloss einer inneren Ursache viel einfacher ist
und dasselbe leistet. Ich sagte: der Nutzen für die Erklärung
wird eingebüsst; denn indem die Correlativität der einzelnen Dinge
an sich mit den einzelnen Vorstellungsobjekten verloren geht,
hört wiederum die Möglichkeit des Verkehrs zwischen verschiedenen Bewusstseinen auf, da dem Individuum die Möglichkeit
benommen ist, durch sein Handeln auf ein ganz bestimmtes
Ding an sich in der Weise einzuwirken, dass ein anderes Individuum sich von dem nunmehr veränderten Ding an sich in ver-
änderter Weise afficirt empfindet. Wenn ich im Stande bin, ein
meinem Vorstellungsobjekt eines Apfels correspondirendes Ding
an sich (durch Zerschneiden) derart zu verändern, dass es nunmehr jeden, der in die Lage kommt, von ihm afficirt zu werden,
so afficirt, dass derselbe das Vorstellungsobjekt von zwei Apfelhälften gewinnt, dann ist die Communication zwischen getrennten
Bewusstseinen erklärlich. Wenn hingegen die transcendente Ursache meines Vorstellungsobjekts von einem Apfel ein göttliches
Wesen ist, so ist die Art meiner Einwirkung auf dasselbe, während ich den Apfel zu zerschneiden glaube, völlig unverständlich,
und mein Wille kann höchstens die Gelegenheitsursache
für Gott werden, sowohl in mir, als in anderen Bewusstseinen
ein aus zwei Apfelhälften bestehendes Vorstellungsobjekt an Stelle
des vorgestellten ganzen Apfels zu produciren. So kommt Berkeley zu einem Occasionalismus zwischen den getrennten Bewusstseinen, der um nichts besser ist, als des Male-
branche Occasionalismus zwischen Geist und Materie, aus
dessen Negirung ersterer hervorging, indem die überflüssig gewordene Materie beseitigt wurde. Man kann nicht leugnen, dass
Leibniz's prästabilirte Harmonie der Vorstellungsabläufe in verschiedenen Bewusstseinen eine nahe liegende Verbesserung des
Berkeley'schen Occasionalismus ist, durch welche das geistlose
und wunderliche Geschäft des beständigen correspondirenden Zei-
gerschiebens innerhalb der vielen Bewusstseine, zu welchem Gott
durch Berkeley verurtheilt wird, in den kunstvoll vorgeordneten

Gang harmonirender Uhrwerke verwandelt wird. Aber in beiden
Fällen, mag nun der Deus ex machina in jedem Moment die Vorstellungen der verschiedenen Bewusstseine in einer gewissen Uebereinstimmung produciren, oder mag er bei Erschaffung derselben
ein für allemal die individuellen Vorstellungsvermögen so geregelt
haben, dass die Vorstellungen in harmonirender Weise verlaufen,
— in beiden Fällen ist doch die in den Bewusstseinen liegende
Vorstellung des Verkehrs der verschiedenen Bewusstseine ein
blosser Schein, eine durch Gott gewirkte Illusion, da die Kunde,
die sie von einander erhalten, nicht aus natürlicher Vermittelung,
sondern aus wunderbarer göttlicher Eingebung herstammt.

Es ist also klar, dass eine wirkliche Vermittelung zwischen
den verschiedenen Bewusstseinen nur durch Dinge an sich stattfinden kann, welche durch ihre passive und active Causalität
(durch ihr Leiden und Wirken) den Verkehr von einem zum anderen vermitteln, wobei angenommen wird, dass der zu dem einen
Bewusstsein gehörige Leib als Ding an sich, vom Willen gelenkt,
entweder direkt oder durch Vermittelung anderer Dinge an sich,
auf den zum anderen Bewusstsein gehörigen Leib als Ding an
sich wirkt, wodurch nun erst letzteres Bewusstsein afficirt wird.
Ohne diese nähere Ausführung ist die Hypothese von äusseren
transcendenten Ursachen werthlos, also berechtigungslos; nur so
vermag sie mehr zur Erklärung der Erfahrung zu leisten, als die
Hypothese von bloss inneren Ursachen (Fichte); nur so vermag
sie die Erfahrungsthatsache auf natürlichem Wege zu erklären,
dass in unserem Bewusstseinsinhalt sich Vorstellungen finden von,
den unsrigen ähnlichen, Bewusstseinen und Charakteren, mit einem
Worte Vorstellungen von Personen ausser uns. Wir haben
gesehen, dass auch Kant als transcendentes Correlat eines jeden
auf mehr als subjektive Realität Anspruch machenden Vorstellungsobjektes (also auch der Vorstellung des eigenen Leibes) ein
unabhängiges, an sich seiendes, stetiges und numerisch identisches Ding supponirt, welches im Stande ist, seinerseits eine
Causalität auszuüben auf die innere Ursache unserer Vorstellungen. Weiter jedoch ist er in seinen Erklärungsversuchen nicht
gegangen; die naheliegende Consequenz hat er nicht gezogen,
dass, wenn das Ding an sich auf das Ich an sich wirken kann,
dieses auch auf jenes wird wirken können, obgleich sie als

seine Ansicht vorausgesetzt werden muss, wenn man bedenkt, dass
diese letztere Causalität nur die Umschreibung von „handeln" ist,
während alle in Vorstellungsobjekten hervorgerufene Veränderung
ohne correspondirende Veränderung im Ding an sich nur ein Spiel
mit Vorstellungen ist, das niemals die Sphäre der Subjektivität über-
schreitet, also nicht Handlung heissen kann. Noch ferner hat jedenfalls Kant der Gedanke gelegen, dass, wenn die Dinge an sich auf das
Ich an sich wirken können, sie wohl auch auf einander werden
wirken können, und dass ohne diese Annahme, dass die Dinge an
sich auf einander wirken können, der durch mehr Mittelglieder
als den blossen Leib vermittelte Verkehr zwischen Bewusstseinen
(z. B. durch elektrische Telegraphie) unmöglich wird. Indessen
räumt Kant doch so viel ein, dass das in immanenter Hinsicht
Unbedingte doch wiederum ein in transcendenter Hinsicht Bedingtes und „von fremder Ursache Abhängiges" (174) sein könne,
und jedenfalls durch das (auch in transcendenter Hinsicht und
somit) absolut Unbedingte bedingt sei, insofern nämlich die Welt
der Dinge an sich von Gott geschaffen sei (VIII. 234).

Das Resultat dieses Abschnittes ist Folgendes: Wir hatten
gesehen, dass die Principien des formalen Idealismus, speciell
das Verbot, von den Kategorien einen transcendentalen Gebrauch
zu machen, folgerichtig zum absoluten Illusionismus führte, wodurch
rückwärts die Geltung dieser Principien mehr als zweifelhaft
wurde; jetzt aber haben wir gesehen, dass wir, von dem Zwange
dieser Grundsätze befreit, in der transcendentalen Ursache der
Empfindung eine Hypothese gewonnen haben, welche sich zur
Erklärung der Erfahrung höchst fruchtbar erweist, und immer
mehr erweisen wird. Bis jetzt wissen wir zwar von dem Dinge
an sich noch nicht viel, ausser dass es wirklich existirt, und
wirkt (Wirklichkeit, Dasein, Causalität), und sich von dem Vorstellungsobjekt unterscheidet durch die Ununterbrochenheit seines
Daseins, durch seine Unabhängigkeit vom Bewusstsein, und durch
seine numerische Identität den vielen Bewusstseinen gegenüber.
Von einer Aehnlichkeit des Dinges mit dem Objekt ist vorläufig
noch keine Rede.

Ehe wir zur weiteren Untersuchung der Beschaffenheit des
Dinges an sich übergehen, wollen wir im nächsten Abschnitt betrachten, wie und mit welchem Erfolge Kant versucht hat, den

Widerspruch seiner transcendenten und immanenten Causalität zu
beseitigen, — denn an die Kategorien der Wirklichkeit und des
Daseins hat er gar nicht einmal gedacht, ebenso wenig daran,
dass der Begriff des Afficirens und der Ursache nothwendig „auf
den Begriff der Handlung, diese auf den Begriff der Kraft,
und dadurch auf den Begriff der Substanz" führt (172), was,
wenn Kant es gar für die immanente Causalität behauptet, doch
gewiss für die transcendente erst recht gilt.

V.

Transcendente und immanente Causalität.

In der Kritik der reinen Vernunft zeigt sich keine Stelle als
durchdrungen von dem Bewusstsein, dass die Hypothese der transcendenten Ursache im Widerspruch steht mit dem Verbot des
transcendentalen Gebrauchs der Kategorien, vielmehr begnügt sich
Kant in diesem Werke mit der schon erwähnten Bemerkung, dass
erstere Hypothese offenbar in sich widerspruchslos sei, da
niemand sagen könne, welche Attribute einem schlechthin Unbekannten zukommen oder nicht zukommen (311—12). Wohl aber
hatte sich Kant diesen Widerspruch bereits zum Bewusstsein gebracht, als er die Kritik der praktischen Vernunft schrieb. Er
bricht hier definitiv mit dem Standpunkt der transcendentalen
Analytik, indem er an deren Eintheilung der Kategorien in mathematische und dynamische anknüpft, und nur für erstere das Verbot des transcendentalen Gebrauchs bestehen
lässt, für letztere aber dasselbe umstösst, und in sein Gegentheil verkehrt. Die mathematischen Kategorien (der Grösse und
Qualität) gehen „bloss auf die Einheit der Synthesis in der Vorstellung der Objekte" (als Erscheinungen), die dynamischen Kategorien (Causalität und Nothwendigkeit) „auf die in der Vorstellung der Existenz der Objekte" (d. h. ihrer realen Correlate,
der Dinge an sich). Die ersteren enthalten jederzeit eine Synthesis des Gleichartigen, welche üeshalb aus der immanenten
Erscheinung in Raum und Zeit niemals heraustreten kann; die

letzteren „erfordern diese Gleichartigkeit (des Bedingten und der Bedingung in der Synthesis) gar nicht, weil hier nicht die Anschauung, wie sie aus einem Mannigfaltigen in ihr zusammengesetzt, sondern nur wie die Existenz des ihr correspodirenden bedingten Gegenstandes" (soll heissen: Dinges) „zu der Existenz der Bedingung (im Verstande als damit verknüpft) hinzukomme, vorgestellt werden solle, und da war es erlaubt, zu dem durchgängig Bedingten in der Sinnenwelt (sowohl in Ansehung der Causalität, als des zufälligen Daseins der Dinge selbst) das Unbedingte" (d. h. das in immanenter Beziehung Unbedingte) „obzwar übrigens unbestimmt, in der intelligiblen Welt zu setzen, und die Synthesis transcendent zu machen" (VIII. 236 — 237). Die Möglichkeit und Erlaubtheit dieser transcendenten Synthesis setzt Kant hier als in der Kritik der reinen Vernunft nachgewiesen voraus; es komme nun bloss darauf an, ob man Grund habe, eine solche Hypothese als positiv gerechtfertigt zu betrachten (VIII. 237). Dies betraf aber zunächst nur die Kategorie der Causalität. Kant hat aber auch die der Nothwendigkeit als einer transcendenten Synthesis fähig bezeichnet, aber mit dem Unterschiede, dass unmittelbar nur die Causalität uns gestattet, das Transcendente zu erreichen, während die andere Kategorie selbst erst vermittelst der Brücke der Causalität sich zu einem Gebrauch im Gebiete des Transcendenten hinüberschwingen könne (VIII. 238). Die Causalität allein erreicht also die Existenz des Transcendenten vermittelst der Bestimmung der transcendenten Ursache; erst auf dieser Basis tritt eine andere Kategorie, die an und für sich unfähig ist, das Transcendente zu erreichen, als nähere Bestimmung hinzu. Nun sollte man aber meinen: wenn eine Kategorie der Modalität durch ihre Unfähigkeit, das Transcendente von selbst zu erreichen, nicht gehindert wird, der transcendenten Ursache als nähere Bestimmung zu dienen, so müssten in derselben Weise auch die Kategorien der Quantität und Qualität durch ihre Unfähigkeit, das Transcendente von selbst zu erreichen, nicht gehindert werden, der transcendenten Ursache als Bestimmung zu dienen. Und mehr als die Unfähigkeit, das Transcendente von sich selbst aus zu erreichen, kann ihnen ja Kant auch nicht vorwerfen, um sie (im Unterschiede von der Nothwendigkeit) auf immanenten Gebrauch zu beschränken. Dieser naheliegende Gedanke von der Hinfälligkeit seiner Unterscheidung ist jedoch Kant nicht beigefallen, noch weniger seine eigene Ansicht, nach welcher gerade und ausschliesslich die Kategorien der Modalität das Besondere an sich haben, „dass sie den Begriff, dem sie als Prädicate beigefügt werden, als Bestimmung des Objekts nicht im Mindesten vermehren, sondern nur das Verhältniss zum Erkenntnissvermögen ausdrücken" (II. 183—184), — eine Eigenthümlichkeit, welche gewiss den Kategorien der Quantität und Qualität weit mehr Aussicht verleiht, zur Bestimmung des „An sich Seienden" verwendbar zu sein, als denen der Modalität. Hiernach müssen wir annehmen, dass hinsichtlich aller Kategorien der Widerspruch zwischen dem Verbot transcendentalen Gebrauchs und der Praxis Kant's zu Gunsten der letzteren entschieden ist und mit thatsächlicher Umstossung des Verbots geendet hat.

Nach Erledigung dieses ersten Punktes kommen wir zu der zweiten schwierigen Frage, wie die immanente Causalität Kant's mit seiner transcendenten ohne Widerspruch vereinbar sei. Nach dem „Grundsatz der Erzeugung", oder, wie die 2. Aufl. sagt, nach dem „Grundsatz der Zeitfolge nach dem Gesetz der Causalität" ist jede Wahrnehmung oder Erscheinung durch die vorhergehende bedingt nach einer allgemeinen und nothwendigen Regel der Verknüpfung; wenn die Erscheinung, die als Ursache genommen wird, vorhergeht, so folgt unausbleiblich und nothwendig die andere Erscheinung, welche Wirkung genannt wird (II. 159). Ihr Ausbleiben ist unmöglich, sobald nur die erstere Erscheinung gesetzt ist; die vorhergehende Erscheinung ist also die zureichende oder vollständige Ursache der nachfolgenden; d. h. „alle Requisite zu einer vollkommenen und nothwendigen Bestimmung derselben müssten in einer möglichen Erfahrung" (Anschauung) „angetroffen werden" (424), oder anders gesagt: alle Erscheinungen, auch dann, wenn sie Wirkungen der reinen praktischen Vernunft sein sollen, „müssen doch nichts desto minder aus ihrer Ursache in der Erscheinung nach Naturgesetzen vollkommen" (d. h. ohne Rest) „erklärt werden können" (428). Dieses Gesetz der immanenten Causalität, nach welchem der zureichende Grund jeder Erscheinung in der Erscheinung liegt, darf durch keine Ausnahme geschwächt werden, so dass etwa bei gewissen Erscheinungen die immanente Causalität aufhörte und die transcendente au ihrer Statt einträte (427). Aber neben und unbeschadet dieser immanenten Causalität soll doch jede Erscheinung ohne Ausnahme zugleich auch die Wirkung „der ursprünglichen Handlung" einer transcendenten Ursache sein (427). Diese transcendente Causalität steht ganz ausserhalb der Kette der immanenten Bedingungen (424), und zwar wird sie nicht als eine Concurrenz der immanenten Causalität angesehen, welche durch Cooperation oder durch Conflict mit dieser die Wirkung als combinirtes Produkt zu Stande bringt, sondern sie wird ebenfalls an sich selbst als vollständig betrachtet (435). Auch die transcendente Ursache ist zureichender Grund der Erscheinung. Wir haben also nun statt einer zwei zureichende Ursachen für jede Erscheinung, deren eine innerhalb, die andere ausserhalb des Bewusstseins liegt, deren eine mit ihren Vorgängern und Nachfolgern eine stetige Kette bildet, die andere nicht. Eine und dieselbe Erscheinung wird durch ihre immanente Ursache vollkommen und ohne Rest als A bestimmt, und durch ihre transcendente Ursache vollkommen und ohne Rest als B bestimmt; soll dies kein Widerspruch sein, so muss, da die Erscheinung nur Eine mit sich identische ist, A = B sein. Da sich dies bei jeder Erscheinung unaufhörlich wiederholt, so kann die Gleichheit von A und B nicht Zufall, sondern nur prästabilirte Harmonie sein. Dann ist es aber auch nur scheinbar, dass die transcendente Ursache ein absoluter Anfang ist, denn sie als Ursache, d. h. nach der nothwendigen Art ihres Wirkens, ist ja so präformirt, dass sie mit der nothwendigen Wirkung der immanenten Ursache übereinstimmen muss, weil sonst der Widerspruch entstände; also ist die Freiheit der Initiative trügerischer Schein, da die einzig mögliche Art des Wirkens der transcendenten Ursache an der nothwendigen Wirkung der vorhergehenden immanenten Ursache abgelesen werden kann, wie die Zeit, welche eine verdeckte Uhr zeigt, an einer offen stehenden abgelesen werden kann, wenn man weiss, dass beide übereinstimmend gehen.

Indem die Freiheit der transcendenten Ursache sich als Illusion erweist, verschwindet für Kant das praktische Interesse, welches

er an dieselbe knüpfte, und es bleibt nur das theoretische
übrig, welches ihn dazu geführt hat, eine transcendente Ursache
für das Gegebensein der Empfindung zu supponiren. Räthselhaft
erscheint der Werth, den Kant auf die praktische Seite seiner
irrthümlichen Hypothese legte, dabei in sofern, als er selbst auf
S. 432 anerkennt, dass bei der absoluten Verborgenheit des intelligibeln Wesens unserer selbst doch „unsere Zurechnungen
nur auf den empirischen Charakter bezogen werden können“,
wo dann in der That der praktische Nutzen der Hypothese eines
intelligibeln Charakters hinter dem empirischen unerfindlich wird,
da doch das praktische Interesse mit der Zurechnungsfrage wesentlich erschöpft ist. Die Lösung des Räthsels liegt darin, dass
Kant auch hier seinem alten Leibnizischen Fehler treu bleibt,
das Transcendente mit dem Intelligibeln zu verwechseln und
praktische Impulse der vernünftigen Reflexion, die doch auch nur
Bewusstseinsinhalt, d. h. immanent sind, für Hineinragungen des
Transcendenten in das Immanente zu halten. Kant geht darin
so weit, zu leugnen, dass die Aeusserungen unserer reinen Vernunft der Zeitfolge unterworfen seien (433), — als ob wir nach
Kant eine andere Vernunft hätten, als eine discursive, d. h.
zeitlich auseinandergezogene!

Wir kommen hierbei auf den ungeheuerlichsten Punkt in
Kant's Theorie der transcendenten Causalität, nämlich auf seine
Behauptung, dass dieselbe zeitlos sei (425, 433). Wo keine
Zeit ist, ist kein Geschehen, keine Veränderung, also auch
keine Verknüpfung einer Veränderung mit einem Prius derselben
als ihrer Ursache möglich (425). Mit dem Worte Causalität ist
schlechterdings kein Begriff zu verbinden, wenn man
die Zeit eliminirt. Was Kant von der Gemeinschaft als einer
Form der Causalität des Zugleichseins gesagt hat, ist in seiner unlogischen Beschaffenheit von Schopenhauer hinreichend
blossgelegt (W. a. W. u. V. I. 544—549), und würde ausserdem
ein solches Zugleichsein doch nicht die Zeitlichkeit des ganzen
Vorganges ausschliessen. Aber auch Kant selbst würde keineswegs seine Kategorie der Gemeinschaft auf das Verhältniss der
transcendenten Ursache zu dem von ihr Bewirkten anwenden
wollen, da ja alsdann das Transcendente rückwärts auch ein immanent Bedingtes wäre, was Kant bestreitet. Was die Hypothese

der transcendenten Causalität mit der einen Hand bieten will, zerstört mit der anderen Hand die Forderung der Zeitlosigkeit. Wir brauchen die transcendente Ursache, um überhaupt ein Transcendentes zu gewinnen, um dem absoluten Illusionismus zu entgehen. Diese transcendente Ursache kann unmittelbar nur die Ursache der Sinnesempfindung sein, und mag nun Kant's Ausdruck: „Afficiren" wohl oder übel gewählt sein, so steht so viel fest, dass das Bewirken der Empfindung von Seiten des Transcendenten nur als Function, d. i. Handlung, Thätigkeit (173), Actus, gedacht werden kann, alles Begriffe, die die Zeit bereits in sich schliessen. So spricht denn Kant auch beständig von der transcendenten Causalität als von einer „Handlung", aber er möchte die Zeit dadurch aus dem Transcendenten eliminiren, dass er diese Handlung wohl von ihm, aber nicht in ihm anfangen lässt (425). Dabei kann man nichts anderes verstehen, als dass die ganze zeitliche Handlung der Causalität schon in's Immanente hereingezogen werden soll. Dies ist aber thatsächlich falsch. Denn alles Bewusstwerden beginnt erst mit dem ersten Stoff der Empfindung, welchen es als einen ihm fertig Gegebenen vorfindet, woraus unmittelbar erhellt, dass die Thätigkeit, welcher derselbe entspringt, nicht zum Bewusstseinsinhalt, also nicht zum Immanenten gehört. Was aber jenseits des Immanenten liegt, das ist eben das Transcendente, also gehört der Act des Bewirkens der Empfindung bereits zum Transcendenten. Hält man dies fest, so ist der Unterschied des „Anfangens von ihm oder in ihm" bedeutungslos, denn man nennt eben ein Ding zeitlich, insofern seine Thätigkeit zeitlich ist, ohne damit bestreiten zu wollen, dass das handelnde Wesen in demselben, abstrahirt von seiner Thätigkeit und betrachtet in seinem reinen Sein, ein nicht selbst in den Strudel der Zeit eingehendes sein könne.

Wir stehen hiernach vor der Alternative: entweder die transcendente Causalität ist zeitliches Geschehen ebensogut wie die immanente, oder wir haben in der Hypothese der transcendenten Ursache einen undenkbaren Begriff concipirt, der keinenfalls etwas erklären kann, und uns mithin auf den absoluten Illusionismus zurückwirft. Die Wahl kann nicht zweifelhaft sein. Man erinnere sich hierbei dessen, was wir (s. o. S. 26—27) bei Betrachtung des transcendentalen Subjekts dargethan haben, dass jeder

Versuch einer Erhebung über den wesenlosen und in sich un-
wirklichen Schein des Bewusstseinsinhaltes unmöglich ist, so lange
man an der Kant'schen Theorie (an der auch Schopenhauer schei-
terte) festhält, dass Function (Veränderung u. s. w.) nur zu
sein scheint, aber nicht ist.

Schon dadurch wird die transcendente Causalität (auch abgesehen davon, dass sie als Geschehen eine gewisse Zeit erfüllt)
zur Zeitlichkeit verurtheilt, dass sie, um diese bestimmte Empfindung bewirken zu können, in einem ganz bestimmten Zeitpunkte (der Zeitreihe der im Bewusstseinsinhalt vorgehenden
Veränderungen) einsetzen, d. h. ihre Thätigkeit anheben muss.
Gesetzt nämlich, alles Transcendente, auch die transcendente
Causalität, wäre unzeitlich, so würde ihr Eingreifen sich zu jedem Punkte der subjektiven Zeitreihe gleich verhalten, und es
wäre unmöglich, eine bestimmte Beziehung zwischen einem gewissen Zeitpunkte der nur subjektiven Zeitreihe (die nach Kant
für das Transcendente nicht existirt — 45) und einem bestimmten Act des transcendenten Eingreifens herzustellen.

Indem wir die Nothwendigkeit anerkennen müssen, die transcendente Ursache ebenfalls als zeitlich aufzufassen, wie die immanente, wird die oben erwähnte prästabilirte Harmonie
zwischen beiden Ursachen nur noch wunderlicher. Da
wir der transcendenten Ursache behufs Erklärung der Empfindung nicht entbehren können, dürfte es sich wohl lohnen,
doch einmal Kant's immanente Ursache auf ihre Berechtigung
zu prüfen. Bekanntlich hat schon Schopenhauer die Beweis-
führung Kant's angegriffen (4fache Wurz. d. Satzes v. zur. Gr.
§. 23); ich werde nicht nur die Einwendungen desselben zu wiederholen, sondern auch noch weitere hinzuzufügen haben.

In erster Reihe ist zu bemerken, dass bei der rein immanenten Succession von Erscheinungen von dem Unterschiede einer
subjektiven oder objektiven Folge (164—165) gar nicht die Rede
sein kann, weil hier alles in ganz gleichem Sinne subjektiv und
objektiv ist. Nicht nur ist es für mich ganz ebenso wohl eine
objektive Begebenheit, wenn ich die Wahrnehmung empfange,
dass mein Auge die Contouren eines Hauses entlanggleitet, oder
dass ein Kahn den Strom hinabgleitet, es ist sogar eine objektive Begebenheit, wenn ich durch den inneren Sinn constatire,

dass bei fixirter Augenstellung meine Aufmerksamkeit die Contouren des unverrückten Bildes von dem Hause entlangläuft. Das Vermögen meiner Willkür, die Reihenfolge zu ändern, hat mit der Auffassung der einmaligen Begebenheit als einer in dieser Reihenfolge gegebenen unmittelbar gar nichts zu thun. Dass die subjektive Zuthat einer gewissen Verknüpfungsart der Vorstellungen diesem nimmermehr eine objektive Realität verleihen könne, wie Kant will, haben wir schon im ersten Abschnitt gesehen.

Das Causalitätsgesetz soll nach Kant die Reihenfolge der Vorstellungen der Willkür entziehen und zu einer zwangsweisen machen, d. h. es ist nun nicht mehr meiner Willkür überlassen, ob ich erst A und dann B vorstelle, oder erst B und dann A; ob ich aber gezwungen sein werde, diese beiden concreten Vorstellungen in dem gegebenen Falle in der Ordnung: A, B oder in der: B, A zu verknüpfen, davon sagt das abstracte allgemeine Gesetz nichts, davon kann es nichts sagen, weil es in seiner Allgemeinheit mit der concreten Bestimmtheit des Falles gar nichts zu thun hat. Welche Ordnung ich gezwungen bin vorzustellen, werde ich erfahren, wenn ich es probire; das Gesetz sagt nur, dass diese Ordnung eine nothwendige sein wird. Aber doch soll die Kategorie der Causalität, als im Verstande parat liegende Denkform hinreichen, um die Reihenfolge durch ihr Hinzutreten zu den gegebenen sinnlichen Anschauungen zu bestimmen; sie, und nur sie allein soll entscheiden, ob A, B, oder ob B, A; denn dazu ist sie ja als Erklärung herangezogen (164). Die Aufgabe, die die reine Denkform des Verstandes lösen soll, geht offenbar über ihren Bereich; die Erklärung aus der Subjektivität der reinen Verstandesform muss sich sofort als unzulänglich erweisen, sowie man auf die concrete Bestimmtheit eines gegebenen Falles Rücksicht nimmt, wo das Wie des gefühlten Zwanges immer nur empirisch zu begründen ist. Wäre aber Kant's Auffassung richtig, so wäre doch bei der nothwendigen Folge A, B nicht mehr A als Ursache, als das Bedingende oder Bewirkende von B zu bezeichnen, denn Kant stellt ja die Sache so dar, als ob A und B beide schon da wären, und der Vorrang des einen oder des anderen in der Zeit nur durch das Verknüpfungsgesetz festgestellt würde, so dass also A und B ihrem Dasein nach keinenfalls Folgen von einander, ihrer Ordnung nach aber auch bloss coordinirte Folgen aus der sie gemeinsam bedingenden Regel wären. Es wäre bewusste Selbsttäuschung, hier noch von Ursache und Wirkung, statt von Prius und Posterius zu sprechen, — was sie auch erst durch die Denkform geworden sind, nicht von selbst sind. Wie man es sich vorstellen soll, dass erst das Causalitätsgesetz dem vorhandenen Anschauungsstoff seine Ordnung in der Zeit anweist, wird völlig unverständlich, sobald man auf die gesammte Vorstellungsreihe eines ganzen Menschenlebens reflectirt; es würde die Kant'sche Annahme alsdann mindestens die Hülfshypothese involviren, dass das Causalitätsgesetz es sei, welches den beständig vorhandenen (aber nicht im Bewusstsein liegenden) Stoff sämmtlicher das Leben erfüllenden Anschauungen in einer von ihm bestimmten Ordnung nach und nach in's Bewusstsein ruft.

Sahen wir aber, dass die reine Verstandesform der Causalität nur bewirken kann, dass die Vorstellungen in irgend einer nothwendigen Ordnung sich folgen, nicht aber in was für einer Ordnung sie sich nothwendig folgen müssen, so bleibt die Art und Weise dieser Ordnung eine in Bezug auf das immanente Causalitätsgesetz zufällige, wie sehr sie auch als Ordnung überhaupt nothwendig sein mag. Dann fehlt mir offenbar jede immanente Garantie, dass die nothwendige Ordnung A, B, welche ich in diesem gegebenen Falle erfahren habe, sich nicht im Wiederholungsfalle umkehrt, da sie ja dabei als Ordnung immer nothwendig bleiben, also beidemal in gleicher Weise als Vorstellungszwang empfunden werden kann. Es ist klar, dass Kant's Ansicht, welche nur das Dass, nicht das Was der Nothwendigkeit erklärt, in keiner Weise für die Allgemeinheit einer bestimmten Art der Aufeinanderfolge zwischen bestimmten Erscheinungen bürgen kann, worauf es ihr doch wesentlich ankommt.

Wir sahen schon oben, dass die auf einander folgenden Vorstellungen A und B weder ihrem Dasein und Inhalt nach, noch ihrer Ordnung nach von einander abhängig sind; denn in ersterer Beziehung ist der Stoff der Anschauung von aussen, d. h. nicht von einer anderen Anschauung, gegeben, in letzterer Beziehung sind sie gleichmässig vom Causalitätsgesetz, also nicht von einander abhängig. Wir mussten hiernach anerkennen, dass es falsch ist, ein Abhängigkeitsverhältniss von einander in diese nach nothwendiger Ordnung sich folgenden Vorstellungen hineinzutragen, mag man dasselbe durch „Bedingung und Bedingtes" oder durch „Ursache und Wirkung" oder irgend sonst wie bezeichnen wollen. Diese Consequenz der Kant'schen Theorie ist ganz evident. Nach Kant fühlt der Mensch den Zwang der Vorstellungsordnung, der durch eine in ihm selbst liegende Regel der Verknüpfung bedingt ist, und nur durch eine offenbare Unüberlegtheit trägt er die Vorstellung einer Abhängigkeit oder Bedingtheit durch einander in die sich folgenden Vorstellungen hinein.

Aber halt! Thut denn nicht etwa Kant dem Menschen mit letzterer Behauptung Unrecht? Nennt der Mensch wirklich je zwei sich in einer durch seine Willkür nicht zu ändernden Ordnung folgenden Vorstellungen Ursache und Wirkung, so dass der Philosoph hieraus ein anscheinendes Recht schöpfen könnte, einen solchen allgemein üblichen Missbrauch der Sprache fortzusetzen? Nein er denkt gar nicht daran! Es ist eine Einbildung von Kant! Kein Mensch nennt seine Erscheinung eines Schiffes hier an dieser Stelle die Ursache von der Erscheinung desselben im nächsten Augenblick ein wenig mehr stromabwärts! Alle Wahrnehmungen folgen sich in einer nicht willkürlich umzukehrenden Reihenfolge (mit Ausnahme derer von den wenigen Dingen, auf welche die Macht unseres Willens sich unmittelbar erstreckt), und wie wenige unter unmittelbar auf einander folgenden Wahrnehmungen bezeichnet der Mensch als Ursache und Wirkung! Von wie vielen gestehen wir nicht, die Ursachen gar nicht zu kennen, von wie vielen entziehen sie sich für immer unserer direkten Wahrnehmung, und sind uns nur durch complicirte Schlüsse zugänglich, vermittelst deren sie uns zu einer ganz anderen Zeit, wie ihre Wirkung, und nur in abstracter Form in's Bewusstsein treten!

Kant hätte vorher ein wenig überlegen sollen, was der Sprachgebrauch Ursache und Wirkung nennt, ehe er diese Ausdrücke in bewusster Missbräuchlichkeit auf die von unserer Willkür unabhängige Aufeinanderfolge von Wahrnehmungen übertrug, die mit Causalität gar nichts direkt zu thun hat.

Das Resultat dieser Kritik der Kant'schen Ansicht lautet der immanenten Causalität nicht günstig; wir wollen aber die Sache noch eingehender betrachten, ehe wir den Stab über einen Irr-

thum brechen, der so weit verbreitet in einer sich fast unbe-
stritten wähnenden Geltung besteht.

Unzweifelhaft zeigt uns unsere Erfahrung eine theilweise Abhängigkeit bewusster Vorstellungen von den ihnen vorhergehenden; suchen wir aber solche Fälle von den anderen zu unterscheiden, wo die auf einander folgenden Vorstellungen von einander unabhängig sind, so zeigt sich bei kurzem Ueberlegen,
dass ersteres die Vorstellungen der Phantasie, der Einbildungskraft oder des abstracten Denkens, letzteres die Wahrnehmungen
sind. Die Regeln der Verknüpfung einer nicht durch neue Sin-
neseindrücke gestörten Kette von Gedanken oder Phantasiebil-
dern nimmt man die Gesetze der Ideenassociation. Jede Vorstellung, auch jede Wahrnehmung, hat die Tendenz, neue
Vorstellungen in's Bewusstsein zu rufen, welche also dann von
ihr bedingt sind. Falls diese ihre Causalität freies Spiel hat, so
wird der Erfolg nothwendig, und bei gleicher Stimmung und
Interessen, bei gleicher körperlicher Disposition und Willensbe-
theiligung, auch allgemein sein. Falls aber diese Causalität
durch eine andere stärkere überboten wird, so erscheint sie para-
lysirt, weil die beschränkte Totalsumme der Aufmerksamkeit von
der anderen intensiveren Vorstellung so absorbirt wird, dass die
nach den Gesetzen der Ideenassociation in's Bewusstsein treten
wollende Vorstellung verdrängt wird. Eine solche intensivere
Vorstellung kann aber z. B. eine neue Sinneswahrnehmung sein,
welche, wenn das Interesse, das sie bietet, stark genug ist, die
innere Causalitätsreihe der Ideenassociation unterbricht; an-
dernfalls hingegen, wenn die innere Gedankenreihe das Interesse
lebhafter beschäftigt als die zuströmenden Sinneswahrnehmungen,
so wird sie letztere vom deutlichen Bewusstsein ausschliessen.
Da die Sinneswahrnehmungen ununterbrochen auf uns ein-
strömen, und zugleich jedes Glied der inneren Gedankenreihe,
wie jede Wahrnehmung die Tendenz hat, neue Vorstellungen
nach den Gesetzen der Ideenassociation auszulösen, so findet
im Bewusstsein in jedem Augenblick ein Kampf statt zwischen der augenblicklichen Wahrnehmung, der von der Wahrnehmung des vorigen Moments bedingten Vorstellung, und
der von dem letzten Gliede der inneren Gedankenreihe bedingten Vorstellung. Hört eine den Geist bis jetzt präoccupi-

rende Wahrnehmung (z. B. ein Schauspiel) auf, so streiten sich
nur noch die beiden letzteren Elemente; war hingegen die äussere
Wahrnehmung bis jetzt durch eine innere Gedankenreihe aus dem
Bewusstsein verdrängt, so fällt das zweite Element fort. Man
sieht, dass man es wirklich mit einer Causalität zu thun hat, die,
wie alle Causalität, den Charakter der Allgemeinheit und Nothwendigkeit trägt, — nur dass sich ihre Gesetze wegen der Com-
plication mit Stimmungen und Willensbetheiligungen schwer klar-
legen und noch schwerer anwenden lassen. Man sieht aber auch
zugleich, dass die vorhergehende Vorstellung hier eben deshalb
nicht vollständige, sondern unvollständige Ursache (Bedingung)
der nachfolgenden ist, und erst das Zusammenwirken von dieser
Vorstellung, der körperlichen Disposition, den allgemeinen domi-
nirenden Gefühlen, und der augenblicklichen Willensrichtung als
vollständige Ursache das Resultat allgemein und nothwendig bestimmt. Aber selbst als unvollständige (Theil-) Ursache oder Bedingung kann die Vorstellung nicht in rein immanenter Beziehung
(als blosses Objekt des Bewusstseins) angesehen werden. So
sehr auch der Inhalt der Vorstellung innerhalb des Causalitäts-
acts das ideell Bestimmende für den Inhalt der von ihr bedingten Vorstellung ist, so ist doch der reale Process des Bewirkens
nur möglich, insofern die Vorstellung als reale Function, d. h.
als realer Zustand eines an sich seienden (transcendenten) Wesens, in Action tritt. Als reale Function der an sich seienden
Seele ist aber die Vorstellung Form und Inhalt zugleich, ist das
Bewusstsein (als ihre Form) an und in ihr, nicht sie (als
Objekt) im Bewusstsein. Versteht man mithin, wie man muss,
unter dem Immanenten das im Bewusstsein Seiende, so kann
dieses überhaupt in keiner Weise wirken (es ist blosse
Erscheinung); nur dasjenige kann wirken, in welchem das Immanente sammt dem Bewusstsein ist, die reale Vorstellungsfunction,
an der Form und Inhalt zum untrennbaren Ganzen verbunden sind.
Als solche reale Function aber ist die Vorstellung für das Bewusstsein (für den Standpunkt der Immanenz) offenbar transcendent.
Wir haben also gefunden, dass selbst in der rein innerlichen Causalität der Ideenassociation die Vorstellung nur als transcendente Function (nicht als immanentes Objekt des Bewusstseins)
wirken kann, und auch so noch nicht vollständige Ursache

(wie Kant will), sondern nur mitwirkende Bedingung der Gesammtwirkung ist.

Dieses Resultat dürfte geeignet sein, etwaige Hoffnungen für Aufrechterhaltung einer immanenten Causalität hinsichtlich der Wahrnehmung von vorn herein herabzustimmen. Durch die Wahrnehmung erhalten wir Objekte; sollte also eine immanente Causalität hinsichtlich der Wahrnehmungen bestehen, so müsste das jetzt wahrgenommene Objekt die Wirkung des unmittelbar vorher wahrgenommenen Objektes sein. Dies muss jedoch zunächst dahin modificirt werden, dass wir an jedem Objekte das sondern, was roher Stoff der Empfindung und was formale Zuthat der Sinnlichkeit und des Verstandes ist. Denn diese formale Zuthat fügt die Seele spontan hinzu, sobald ihr der Stoff der Empfindung gegeben ist; sie fügt sie in gleicher Weise hinzu, mag diese oder jene Vorstellung, mag Vorstellung oder Vorstellungsleere (z. B. traumloser Schlaf) vorhergegangen sein. Es ist also klar, dass nach Kant's eigener Lehre die vorhergehende Vorstellung die folgende keinenfalls hinsichtlich ihrer Anschauungs- und Denkformen bedingen oder beeinflussen kann. Soll sie dieselbe dennoch bedingen, so bleibt nur der Stoff der Anschauung, die Empfindung, übrig, worunter die einfachen Sinnesqualitäten (specifischen Energien der Sinnesnerven) zu verstehen sind. Man muss hier nämlich von der Farbe die Flächenhaftigkeit absondern (eine für das Bewusstsein unerfüllbare Aufgabe), man muss die Druckempfindung des Tastsinns losgelöst denken von dem Gefühl des Bewegungswiderstandes, den Muskelsinn losgelöst von der Wahrnehmung eines mit der Muskelbewegung durchmessenen Raumes, — denn alles dies sind ja schon Zuthaten der Anschauungsform der Räumlichkeit zu der an und für sich rein intensiven und qualitativen Empfindung. Es liegt auf der Hand, dass diese Empfindung für uns stets eine künstliche Abstraction bleiben muss, da wir sie gar nicht anders als in den sinnlichen Anschauungsformen kennen. Streng genommen ist also schon diese reine Empfindung (als reale Basis der auf ihr erbauten Anschauung genommen) etwas Transcendentes, weil jenseits des Bewusstseins Gelegenes, und die Causalität zwischen solchen reinen Empfindungen wäre demnach nicht mehr immanente Causalität. Doch das nur nebenbei.

Nun spricht Kant zwar, wie wir im vierten Abschnitt gesehen
haben, beständig davon, dass uns diese stoffliche Empfindung
gegeben sei, aber niemals behauptet er, dass sie uns von innen
(immanent), sondern stets, dass sie uns von aussen, von Seiten
des Transcendenten (sprachlich unrichtig „transcendentalen Gegenstandes"), des Dinges an sich gegeben sei, vermittelst einer
transcendenten Causalität, durch welche das Ding an sich uns
afficirt oder einen Eindruck auf uns hervorbringt. Niemals behauptet Kant, dass die Materie der Anschauung, welche die stoffliche Basis einer Wahrnehmung bildet, durch die vorhergehende
Wahrnehmung gegeben sei, was seine immanente Causalität verlangt. Es zeigt sich also, dass Kant seinen Grundsatz der immanenten Causalität unbeachtet bei Seite lässt und ihm thatsächlich
widerspricht, wo es sich um seine allereigentlichste Anwendung
handelt. Er folgt darin einem richtigen Instinct, in welchem er
sich überhaupt seinen meisten Schülern und Nachfolgern jederzeit
überlegen erweist. — Die Empfindungsgrundlage einer Wahrnehmung hat unmittelbar gar nichts mit der vorhergehenden
Wahrnehmung zu thun.

Bei den nach den Gesetzen der Ideenassociation auf einander
folgenden Vorstellungen einer Gedankenreihe findet ein ersicht-
licher Zusammenhang, ein organisches Auseinanderhervorwachsen
statt, dass sich durch Aehnlichkeit und Contrast, so wie durch
Zweckdienlichkeit für bestimmte Gedanken- oder Gefühlsinteressen
kundgiebt. Ganz anders die Folge der Wahrnehmungen, die in
der Regel kraus und wirr durcheinanderläuft, wie meine Vorstellungen der fremden Menschen, die an meinem Fenster in stetiger
Reihenfolge vorübergehen, und deren keine mit der vorhergehenden zusammenhängt. Die Nothwendigkeit der Ideenassociation
ist eine innerliche, die der Wahrnehmungen eine äusser-
liche; die erstere lässt die Nothwendigkeit des Zusammen-
hanges empfinden, und lässt fühlen, dass der Wille wohl im
Stande ist, die Richtung der zusammenhängenden Entwickelung
zu beeinflussen, aber nicht, das Gesetz der Abhängigkeit überhaupt zu alteriren; die letztere hingegen stellt jedes Glied der
Wahrnehmungsreihe isolirt vor uns hin, und lässt uns fühlen,
dass wir an diesen Wahrnehmungen unmittelbar durch unseren
Willen nichts ändern können (sondern höchstens mittelbar durch

Handeln auf die Dinge an sich, welche die Wahrnehmungen in uns hervorbringen). Wo aber ausnahmsweise ein inhaltlicher Zusammenhang zwischen unmittelbar auf einander folgenden Wahrnehmungen stattfindet, da bezieht der natürliche Verstand diesen niemals auf die Wahrnehmungen als solche, sondern auf einen transcendenten Zusammenhang der Dinge an sich, welche die Wahrnehmungen in uns hervorbringen, und in ihren subjektiven Bildern nun auch ihren Zusammenhang mit abbilden. Wenn ich z. B. zwei Menschen sich mit einander streiten höre, und sehe sie schliesslich handgemein werden, so besteht zwischen meinen Gehörswahrnehmungen der Streitreden und meinen darauf folgenden Gesichtswahrnehmungen der Schlägerei allerdings ein inhaltlicher Zusammenhang; aber kein Mensch, der seinen gesunden Verstand nicht durch philosophische Vorurtheile zu Grunde gerichtet hat, wird behaupten wollen, dass meine Gehörswahrnehmungen der Streitenden als solche die Ursache meiner darauf folgenden Gesichtswahrnehmungen der Prügelei seien, sondern er wird voraussetzen, dass die Personen (als transcendente Correlate meiner Vorstellungen von ihnen) wirklich existiren und handeln, dass die wirklich zwischen ihnen geführten (also für mich transcendenten) Streitreden die Ursache ihrer wirklich ausserhalb meines Bewusstseins statthabenden (also für mich transcendenten) Prügelei geworden sind, und dass diese Vorgänge zwischen den Dingen an sich, welche meinen Vorstellungen von ihren Leibern correspondiren, durch transcendente Causalität mich der Art afficirt haben, dass ich aus dem vermittelst dieser Eindrücke erhaltenen Empfindungsstoff mit Hülfe meiner Anschauungs- und Denkformen mir eine Reihe von Wahrnehmungen aufgebaut habe, welche in ihrem Inhalt, also auch in ihrem inhaltlichen Zusammenhange, jenen realen (also für mich transcendenten) Vorkommnissen correspondirt. Es ist dies nicht nur eine keinem Bedenken unterliegende Erklärungsweise meiner Bewusstseinsvorgänge, es ist auch die einzig mögliche, ohne welche sie schlechthin unerklärlich bleiben; und dabei setzt diese Erklärung keine weitere Hypothese voraus als die nunmehr einzige Causalität, die transcendente, selbstverständlich als zeitliche Function.

Ich will behufs grösserer Deutlichkeit dieser für jeden unphilosophischen Leser so einfachen Sache noch ein anderes Beispiel vorführen. Ich sitze im Zimmer und lasse eine Reihe von Wahrnehmungen an mir vorüberziehen, indem ich die Bilder eines photographischen Albums der Reihe nach betrachte. Plötzlich fällt die Wahrnehmung eines unter meinem Fenster abgefeuerten Schusses in mein Bewusstsein, so dass ich erschrecke. Offenbar war die letztbetrachtete Photographie, welche als Wahrnehmung dem Schusse unmittelbar vorherging, eben so wenig die Ursache meiner Wahrnehmung des Schusses, wie irgend eine andere der gleichzeitig mit der Photographie schwächer und nebenbei in meinem Bewusstsein enthaltenen Wahrnehmungen. Der Schuss ruft aber nach den Gesetzen der Ideenassociation die Erinnerungsvorstellung in mir wach, dass ich gestern Abend dem Jäger befohlen habe, den alten blinden Hofhund zu erschiessen. Ist nun etwa mein gestriger Befehl· die Ursache meiner jetzigen Wahrnehmung des Schusses? Aber dazwischen liegen 12 Stunden, innerhalb deren nicht die geringste Vorstellung in mein Bewusstsein getreten ist, welche diese beiden durch die Zeit getrennten Vorstellungen verknüpfen könnte. Oder ist etwa meine jetzige Erinnerungsvorstellung die Ursache meiner Wahrnehmung des Schusses? Unmöglich, denn wir sahen eben, dass sie zeitlich später als diese, und sogar erst ihre Wirkung ist, und es ist ein Widerspruch, dass die Wirkung die Ursache ihrer Ursache, dass das Spätere Ursache des Früheren sein sollte. Ich habe also nur die Alternative: entweder wirkt die immanente Causalität mit beliebigem zeitlichen Zwischenraum zwischen Ursache und Wirkung, oder eine immanente Causalität ist in diesem Falle unmöglich. Zu ersterer Annahme wird sich wohl Niemand verstehen wollen, es bleibt also nur die letztere. Dann haben wir einen Fall, wo eine höchst intensive Wahrnehmung ohne immanente Ursache gegeben ist. Der Satz, dass jede Vorstellung ihre immanente Ursache haben müsse, ist durch ein einziges solches Beispiel entkräftet. Es zeigt aber der Fall auch, dass der Zusammenhang zwischen meiner Wahrnehmung des von mir gegebenen Befehls und meiner Wahrnehmung der späteren Ausführung, da er im Bewusstsein nicht zu finden ist, nur ausserhalb desselben gesucht werden kann. Nur wenn eine transcendente Causalität meinen Befehl in's Bewusstsein des Jägers hinübergetragen hat, nur wenn die Person an sich des Jäger's das Ding

an sich der Flinte auf den Hund an sich abgefeuert hat, und die
Schallwellen der Luft an sich das Ding an sich meines Gehör-
organs erschüttert und die Molecularschwingungen meines Ge-
hirns an sich meine Seele afficirt haben, nur dann, und anders
gar nicht ist eine Erklärung des Vorganges in meinem Bewusstsein möglich.*)

Sehr merkwürdig und lehrreich ist Schopenhauer's Verhalten
in Bezug auf das Causalitätsproblem; man lese zu dem Zweck
hinter einander erst den §. 23 und dann §. 21 der „4fachen Wurzel
des Satzes vom zureichenden Grunde." In §. 23 deckt er die
Haltlosigkeit des Kant'schen Beweises für die immanente Causalität auf, und belehrt ihn, „dass wir empirisch bloss Wirklichkeit der Succession erkennen" (S. 86), was Kant leugne,
indem er die Objektivität der Succession bloss durch Causalität
erkannt wissen wolle, also beide identificire (ebenda). Diese
Identification aber sei ganz falsch; denn allerdings nähmen wir
a priori an, dass „jede mögliche Begebenheit" in irgend einer
Causalreihe überhaupt ihren nothwendigen Platz haben müsse
(ebenda), aber diese Causalreihen fielen keinesweges immer mit
den Successionsreihen unserer Wahrnehmungen zusammen, da
wir im Gegentheil nur von sehr wenigen Vorstellungen die
Stelle erkännten, die ihnen das Causalgesetz in der Reihe der
Ursachen und Wirkungen giebt (S. 83); vielmehr seien es uur
„gewisse Reihen der Begebenheiten", in denen wir „die Nothwendigkeit der Succession" unmittelbar erkennen (S. 86).
Schopenhauer stösst mithin nicht bloss Kant's Beweis, sondern
auch seine Behauptung um, dass die Succession unserer Wahrnehmungen immanente Causalität sei, dass jede Vorstellung immanent vollständig bedingt sei. Das, was er an die Stelle des
Zerstörten zu setzen verspricht, erklärt er für den einzig möglichen Beweis der Apriorität der Verstandesform des Causali-

---

*) Nach Berkeley hat Gott meine Vorstellung von dem ertheilten Befehl
in Gestalt der Vorstellung eines empfangenen Befehls in das Bewusstsein des
Jägers übertragen, und die Vorstellung des Jägers von dem Losschiessen des
Gewehrs in Gestalt der Gehörswahrnehmung des Schusses in mein Bewusstsein
übertragen. Das ist doch wenigstens ein kindlicher Anlauf zu einer Erklärung,
während die neuere deutsche idealistische Philosophie sich nicht einmal zu
einem solchen Anlauf ermannen konnte, bis schliesslich die Identitätsphilosophie
alles confundirte.

tätsgebrauchs in uns, und wir werden ihm darin 'unbedingt Recht
geben müssen; jedoch thut sein Beweis gar nichts dafür, den
zerstörten Kant'schen Satz wiederherzustellen, dass die Ursache
der Vorstellung wiederum Vorstellung sein müsse, und nicht
ganz etwas anderes sein könne. Dieses Problem hat sich Schopenhauer gar nicht zum Bewusstsein gebracht, vielmehr hält er
in seinem subjektivistischen Vorurtheile die Entscheidung der
Frage im Sinne der Immanenz für selbstverständlich,
während sein eigener Beweis für die Apriorität der Causalität
das Gegentheil beweist; da nun dieser Beweis der einzig
mögliche ist, so ist auch nicht die immanente, sondern die transcendente Causalität die einzig mögliche. Hätte Schopenhauer sich bei seiner klaren Unterscheidung von Successionsreihe der Wahrnehmungen und Causalreihe der Begebenheiten
mit dem Doppelsinn des Wortes Begebenheit nicht selbst hinter
das Licht geführt, so hätte er schon bei dieser Gelegenheit zu
der Einsicht gelangen müssen, dass die Causalreihe der Begebenheiten nur dann von der immanenten Successionsreihe der Wahrnehmungen unterschieden werden kann, wenn sie transcendent
gefasst wird, da im Immanenten in Folge dieser Unterscheidung
kein Platz mehr für sie als stetige Reihe übrig bleibt.

Schopenhauer führt im §. 21 S. 53 ff. sehr gut die Grund-
ideen Kant's über den rohen Stoff der Anschauung, der selbst
noch nicht Anschauung ist, sondern es erst durch Hinzuthun der
Verstandesfunctionen wird, an verschiedenen Beispielen der Sinneswahrnehmung durch. „Etwas Objektives liegt in keiner Empfindung" (S. 51), weil sie nämlich gar nicht als Empfindung, sondern immer schon als Anschauung im Bewusstsein anzutreffen
ist, oder in Schopenhauer's Sprache: weil sie niemals Objekt für's
Subjekt werden kann, ausser insofern sie zur Anschauung wird.
„Was Gesicht und Getast liefern, ist noch keineswegs die Anschauung, sondern bloss der rohe Stoff dazu: denn in den Empfindungen dieser Sinne liegt so wenig die Anschauung, dass dieselben vielmehr noch gar keine Aehnlichkeit haben mit den Eigen-
schaften der Dinge" (Objekte), „die mittelst ihrer sich uns darstellen. Nur muss man hierbei das, was wirklich der Empfindung angehört, deutlich aussondern von dem, was in der Anschauung der Intellekt hinzugethan hat" (53—54). „Diese

Verstandesoperation" (die Formirung der Anschauung aus der Empfindung durch den Intellekt) „ist jedoch keine discursive, reflective, in abstracto mittelst Begriffen und Worten vor sich gehende, sondern eine instinctive und ganz unmittelbare" (52). Nach Kant sind diese die Anschauung aus der Empfindung construirenden Synthesen die Wirkungen unentbehrlicher blinder Seelenfunctionen. Bedenken wir, dass die Anschauung als fertig in's Bewusstsein tritt, so muss sowohl die blosse stoffliche Empfindung, als auch die Function des Bekleidens derselben mit Verstandesformen jenseits des Bewusstseins liegen, wenngleich unter besonderen pathologischen Verhältnissen (Staaroperationen p. p.) es uns vergönnt ist, einige dieser Processe sich noch innerhalb des Bewusstseins verlegen zu sehen, was jedoch niemals bei den ursprünglichsten derselben (z. B. der Ausbreitung der Farbenempfindung zur Fläche) vorkommt. Auch Kant erklärt die Kategorie der Causalität für eine der wichtigsten unter diesen Verstandesfunctionen, und hat Schopenhauer gegenüber Recht, dass es keineswegs die einzige hierbei in's Spiel kommende ist. Aber Kant hat überhaupt den Entstehungsprocess der Sinneswahrnehmung, in dessen Erkenntniss die moderne Physiologie so bedeutende Fortschrite gemacht hat (vgl. Wundt, Beiträge zur Theorie der Sinneswahrnehmung), noch nicht einer näheren Untersuchung unterzogen, und Schopenhauer thut dies wesentlich nur in Bezug auf die Causalität, aber hier auch mit einer für seine Zeit bewunderungswürdigen Schärfe des Einblicks. Da die Erfahrung, d. h. das Vorfinden eines Gegebenen im Bewusstsein, bei den räumlichen Sinnen gleich mit der Anschauung beginnt, so versteht sich von selbst, dass die Function, welche die Anschauung und damit die Erfahrung erst erzeugt, das Prius derselben sein muss. D. h. die Verstandesfunction der causalen Synthese ist nicht empirisch, sondern a priori (S. 52 oben). Wäre es unrichtig, dass diese Function jenseits des Bewusstseins liegt, so wäre es auch unrichtig, ihre Apriorität zu behaupten; träte sie erst als begriffliche discursive Reflexion an die fertige Erfahrung heran, um sich nachträglich mit derselben verstandesmässig (rationell) zu beschäftigen, so wäre sie, auch als ursprüngliche Verstandesform, doch nur ein Posterius, kein bedingendes Prius der Erfahrung, so wäre sie nicht a priori in dem durch Kant eingeführten erkenntnisstheoretischen Sinne. Schopenhauer's (einzig möglicher) Beweis für die Apriorität der Kategorie der Causalität beruht also ausschliesslich auf dem Nachweis der Unbewusstheit ihrer typischen Function, womit der einzig richtige Weg für die Behandlung des a priori eingeschlagen ist.

Die vor aller Erfahrung stattfindende Leistung des Intellekts besteht nun nach Schopenhauer darin, dass derselbe die gegebene Empfindung als Wirkung auffasst, die als solche nothwendig eine Ursache haben muss (S. 52). Der Verstand macht sich aus der Empfindung ein reales Objekt (welches aber immer Vorstellung bleibt), indem er die Empfindung auf ihre Ursache bezieht (W. a. W. u. V. I. 527). Die Cardinalfrage ist nun: soll diese Ursache immanent oder transcendent sein? Die eben genannte Stelle klingt ganz, als wenn das Objekt durch Beziehung auf eine äussere transcendente Ursache zum transcendentalen werden, d. h. seine mittelbare Realität erhalten sollte. Aber Schopenhauer tadelt Kant auf das Entschiedenste, dass er die Causalität transcendent gebraucht habe (ebenda 516, 529, 581, 595—596), um auf diesem Wege zum Ding an sich zu gelangen; er hält dieser getadelten Inconsequenz Kant's gegenüber an der exclusiv subjektiven oder immanenten Bedeutung des Causalprincips fest, als welche niemals den subjektiven Grund und Boden überschreiten könne (ebd. 516), und belehrt uns, dass die wahre Ursache, welche die Empfindung in der Anschauung bedingt, die Materie (in ihrer concreten Beschaffenheit) sei, und zwar vermittelst ihrer Einwirkung auf das unmittelbare Objekt (den Leib), das selbst Materie ist (ebd. 10). Der Verstand construirt nämlich die supponirte Ursache der Empfindung mit Hülfe der Anschauungsform des äusseren Sinnes als äusseres materielles Objekt in den Raum hinaus (4. f. Wurz. 52), und dieses materielle Objekt ist demnach die concrete Gestalt der Materie, welche die Empfindung als Ursache bewirkt. So bleiben wir ganz auf subjektivem Grund und Boden; der Causalnexus, um den es sich handelt, besteht nur zwischen der Empfindung und dem materiellen Objekt der Anschauung, und das letztere ist ebenso immanent, ebensowohl Vorstellung wie die erstere; denn selbst die Materie existirt ja nicht anders als in der Anschauung (W. a. W. u. V. I. 10).

Wohl selten haben stärkere Widersprüche auf engerem Raume zusammengedrängt in eines Menschen Hirn friedlich neben einander gelegen. Der Verstand construirt aus der Empfindung das materielle Objekt, und diese seine mit Hülfe der Empfindung zu Stande gekommene Vorstellung soll die Ursache der Empfindung sein? Das Posterius, das erst aus der Empfindung erwachsen kann, soll er zugleich für das Prius der Empfindung halten müssen, welches dieselbe bewirkt? Hätten wir wirklich einen so eingerichteten Verstand, so müsste man annehmen, der „blinde Wille" hätte sich einen schlechten Witz erlaubt, als er uns diesen Intellekt verlieh, dessen „nothwendige Formen" uns offenbar zum Narren haben. Dem Philosophen bliebe nichts übrig, als wenigstens in abstracto diesen nothwendigen apriorischen Unsinn seines Intellekts a posteriori als solchen zu brandmarken, und zu erklären, dass eine solche apriorische Verstandesfunction eine Prellerei ist, deren instinctive Unaufhebbarkeit das Verdict ihrer logischen Selbstannullirung nicht alteriren kann. Schopenhauer wurde hauptsächlich durch zwei Motive zu diesem absonderlichen Standpunkt gedrängt: erstens sah er ein, dass eine unzeitliche Causalität ein sich selbst aufhebender Begriff sei (was aus seiner Umgestaltung der Kant'schen Freiheitslehre hervorgeht), also eine transcendente Causalität sinnlos sei ohne transcendente Zeit, diese aber wollte er schlechterdings nicht einräumen, und verwarf deshalb consequenter Weise auch die transcendente Causalität. Zweitens aber schien ihm dieser Vorstellungssubjektivismus deshalb unbedenklich, weil er im Besitz einer Ableitung des Dinges an sich auf dem Wege des Willens zu sein wähnte, und sich so doch wieder durch ein Ding an sich vor dem absoluten Illusionismus geschützt glaubte. Wir haben aber die Unhaltbarkeit der Schopenhauer'schen Ableitung des Dinges an sich, sowie die Nothwendigkeit gesehen, das Ding an sich durch transcendente Causalität zu erringen; ebenso haben wir uns schon mehrfach überzeugt, dass ohne transcendente Realität zeitlicher Function, also transcendente Geltung der Zeit dem absoluten Illusionismus überhaupt auf keine Weise zu entrinnen ist. Also sind beide für Schopenhauer die Wunderlichkeit seines Standpunktes verhüllenden Motive beseitigt, und wir werden unbefangener die Sachlage beurtheilen können.

Sehr gut hatte Schopenhauer dargethan, dass der Verstand
vor der Erfahrung unbewusster Weise zu der ihm unwillkürlich
gegebenen Empfindung eine Ursache supponirt, und auf diese
die Empfindung bezieht. Es ist ferner zuzugeben, dass der naive
Realist seine Anschauungsobjekte für die Ursachen seiner Empfindungen hält, aber eben nur in so weit, als er dieselben mit diesen Ursachen confundirt, d. h. wegen Mangel an Bewusstsein
von der Subjektivität seiner Anschauungen noch nicht dazu gelangt ist, auf den Unterschied an sich seiender Dinge und im
Bewusstsein seiender Anschauungen zu reflectiren. In dem
Augenblick, wo man ihm diesen Unterschied klar gemacht hat,
wird der bisherige naive Realist sofort zugestehen, dass er nicht
seine Anschauungsobjekte, sondern die realen Correlate derselben, d. h. die von seiner Anschauung unabhängigen Dinge
(an sich) für die Ursachen seiner Sinnesempfindungen hält. Kann
man ihm beweisen, dass diese Dinge (an sich) nicht räumlich,
sondern blosse individualisirte Willen sind, so wird er diese individualisirten Willen für die Ursachen seiner Empfindungen halten. Schopenhauer hat dadurch dazu beigetragen, sich selbst irre
zu machen, dass er nach Kant's Vorgang die Anschauungsobjekte
Dinge nannte; auch schwebte ihm die richtige Ahnung vor, dass
Ursachesetzung und Gestaltsetzung zwei gleich instinctive, von
einander untrennbare, mit gleichem Anspruch auf reale Geltung
auftretende Vorgänge seien, so dass es ihm durch seinen Wider-
willen gegen die Einräumung einer transcendentalen Bedeutung
der Raumsetzung erschwert wurde, eine transcendentale Bedeutung der Ursachesetzung einzuräumen. In seinem höheren Le-
bensalter aber scheint auch er ein wenig zu der natürlichen und
vernünftigen Auffassung hingeneigt zu haben, dass die Dinge an
sich (d. h. die individualisirten Willen) die Ursachen unserer
Empfindungen seien; denn nur so ist es zu verstehen, wenn er
sagt, dass in den mannigfaltigen Bestimmungen des Anschauungs-
objekts die correspondirenden Modificationen des in diesem Anschauungsobjekte sich darstellenden Willens als Dinges an sich
genau abgebildet sein müssen (Parerga 2. Aufl. §. 103 b, und
„Arthur Schopenhauer, von ihm, über ihn", S. 594).

Die Frage würde gar keine Schwierigkeiten haben, wenn
nicht die Function, um die es sich handelt, jenseits des Bewusst-

seins sich vollzöge. Nur hierdurch wird überhaupt der (praktisch
ausreichende) Standpunkt des naiven Realismus möglich, der seine
räumlich vorgestellten Objekte mit den Dingen an sich verwechselt, nur hierdurch der partielle Rückschlag des Philosophen in
den uns allen praktisch gewohnten naiven Realismus, der ihn zur
Verwechselung des Anschauungsobjektes mit der Ursache der
Empfindung bringt, während doch jenes eine Folge dieser ist.

Ist nun aber dieser Irrthum erkannt, so bleibt uns nichts
übrig, als die Sonderung zwischen „Ursache der Empfindung"
und „Anschauungsobjekt" streng aufrecht zu erhalten. Das Anschauungsobjekt ist die räumlich angeschaute, auf ihre transcendente Ursache bezogene Empfindung, eine Beziehung, durch welche
sie zugleich mit einer (mittelbaren) Realität ausgestattet wird, die sie
als blosse Vorstellung nicht hat. Die Anschauung ist die räumliche Empfindung, das Wahrnehmungsobjekt ist die transcendental
gewordene (d. h. auf ihre transcendente Ursache bezogene) Au-
schauung. Jene objektive oder transcendentale Realität, welche die
Wahrnehmungen instinctiv für uns besitzen, welche selbst dann,
wenn sie nur Schein wäre, ein unzerstörbarer Schein wäre,
und welche doch, wie wir in den drei ersten Abschnitten sahen, auf
keine Weise aus dem Standpunkt der reinen Immanenz erklärt
werden konnte, sie ist das in seiner Entstehung uns unbewusste,
aber im Bewusstsein als gegeben vorgefundene Resultat des vor-
empirischen (apriorischen) Processes der Annahme einer transcendenten Ursache der Empfindung und der transcendentalen Beziehung der Anschauung auf dieselbe. Der Instinct hält diesen
transcendentalen Charakter der Wahrnehmung fest, mag eine ein-
seitige Philosophie ihm die illusorische Beschaffenheit desselben
durch den Nachweis der Unmöglichkeit des Transcendenten oder
der Unmöglichkeit der Beziehung zwischen Transcendentem und
Immanenten, oder von beiden auf einmal, in abstracto noch so
plausibel zu machen wissen. Sträubt sich aber eine Philosophie,
welche die unumgänglichen Voraussetzungen des transcendentalen
Charakters der Wahrnehmung aufgehoben hat, die durch diese
Aufhebung herbeigeführte Discrepanz zwischen abstracter Theorie
und instinctivem Glauben anzuerkennen, weil ein solches Zugeständniss instinctiv als ein allemal höchst verdächtigendes für die
Theorie empfunden wird, dann gelangt eine solche Philosophie

zu dem ihrer eigenen Kritik widersprechenden Hülfsmittel, gestützt auf den untilgbaren und praktisch über den Verstand do-
minirenden Anspruch des instinctiven Glaubens, die Realität
der Wahrnehmung (in einem die rein subjektive Realität über-
ragenden Sinne) unmittelbar zu postuliren, wie wir dies
im ersten Abschnitt von Berkeley, und theilweise auch von Kant
und Schopenhauer gesehen haben. Die Aufgabe einer philosophi-
schen Erkenntnisstheorie kann aber nicht darin bestehen, das Resultat des instinctiven Glaubens kritiklos anzunehmen und es der
Kritik seiner Voraussetzungen gegenüber als mundtodtmachenden
Trumpf auszuspielen, sondern darin, mit Hülfe aller Mittel der
Selbstbeobachtung, der Analogie und Induction, und der Methode
der Elimination der übrigen Möglichkeiten, eben denjenigen Process für das Bewusstsein zu reconstruiren, durch welchen im Bereiche vorbewusster Functionen jenes nicht weg-
zuleugnende Resultat eines transcendentalen Charakters der Anschauung erzeugt wird. Indem wir diesen Process in der Supposition einer transcendenten Ursache für die der Seele äusserlich aufgenöthigte Empfindung und in der transcendentalen Beziehung der
Anschauung auf diese ihre transcendente Ursache erkannt haben,
haben wir eine wissenschaftliche Hypothese gewonnen, welche
alle Schwierigkeiten löst, und sich in dem beständigen und aus-
gedehnten Gebrauch, welchen die neuere Naturwissenschaft, na-
mentlich die physiologische Psychologie von derselben macht,
auf das Trefflichste bewährt hat. Diese Hypothese hat genau dieselbe Gewissheit wie das Gesetz der Causalität; denn da eine immanente Causalität unmöglich ist, kann
sich das Gesetz: „Alles hat seine Ursache" nur auf transcendente Causalität beziehen. Wer diesem Gesetz apodiktische
Gewissheit a priori zuschreibt, der muss auch der transcendenten
Ursache der Empfindung (auf welche die Anschauung transcendental bezogen wird) apodiktische Gewissheit a priori zuschrei-
ben; wer hingegen nur die Kategorie der Causalität als unbewusste
Function für apriorisch hält, und unser Wissen von dem Causalitätsgesetz als eine in Folge ihrer Allgemeinheit vorzugsweise
sichere Induction von immerhin nur beschränkter Geltung betrachtet, der wird auch die Hypothese von der transcendenten
Ursache der Empfindung nur als eine Annahme von einer an Ge-

wissheit grenzenden Wahrscheinlichkeit betrachten. Denn die apriorische Ausübung dieser Function beweist dem Letzteren keineswegs die allgemeine nothwendige Geltung, sondern nur die nothwendige Geltung für den jedesmal vorliegenden Fall, und auch diese nur unter der immerhin nur wahrscheinlichen Voraussetzung, dass die unbewusste logische Function nicht irren kann. Wenn Schopenhauer (4f. Wurz. S. 74) bestreitet, dass unsere Auffassung der Causalität ebensowohl an der Wirkung des Willens auf die Glieder des Leibes wie an der Wirkung der transcendenten Ursache auf die Empfindung sich bethätigt, — und zwar deshalb bestreitet, weil er die Identität von Willensact und Leibesaction behauptet, so kann ich ihm darin nicht beipflichten. Zunächst ist nämlich dabei die lange materielle Causalreihe zwischen den anregenden Hirnmolecularschwingungen und der Bewegung der Extremität übersehen, reale Processe in Nerven, Muskeln und Sehnen, welche eine ganz erhebliche Zeit beanspruchen. Es könnte also die Identität höchstens zwischen Wille und Hirnschwingungen, nicht zwischen Wille und Bewegung des Gliedes bestehen. Die Hirnschwingungen sind nun allerdings auch Wille, aber doch eine ganz andere Art Wille. Denn das Hirn hat in seinen Atomen nur solche individualisirte Willensacte, welche sich als Molecularkräfte der Materie darstellen, und diese haben in noch so complicirten Combinationen von Attraction und Repulsion keine Aehnlichkeit mit dem geistigen Wollen einer bestimmten Leibesbewegung. Dass diese Kräfte vorhanden sind und sich zu äussern bestrebt sind, das ist ihre eigene Willensnatur; dass sie aber gerade in diesem Momente ausgelöst werden, um gerade auf diese Weise zu spielen, das ist die Wirkung des ihnen fremden geistigen Willens, der als Endziel dieser Bewegungen eine bestimmte Bewegung eines bestimmten Körpertheils erstrebt. Der Wille übt also in der That transcendente Causalität auf das Ding an sich des Leibes, aber diese Causalität ist noch complicirter für uns zu verstehen, als die die Empfindung verursachende; denn wir haben weder den Willen an sich, noch das Ding an sich des Leibes, auf welchen er wirkt, im Bewusstsein, sondern von beiden nur subjektive Vorstellungsrepräsentanten, die auf Empfindungen erbaut sind, und sich auf deren transcendente Ursachen transcendental beziehen.

Das Verständniss der Causalität des Willens setzt mithin das Verständniss der Causalität, welche die Empfindung erzeugt, voraus, und supponirt eine causale Verknüpfung zwischen zwei so erkannten transcendenten Ursachen, von denen überdies die eine das reale Correlat des Subjekts (nicht des Objekts) ist. In der Hauptsache hat demnach Schopenhauer Recht, dass das Verständniss der Causalität des Willens nicht dazu dienen kann, die Supposition der transcendenten Ursache der Empfindung zu erleichtern, da es diese vielmehr selbst schon voraussetzt.

Ich habe oben gesagt, dass alle idealistischen Argumente die Wurzeln ihrer Kraft in dem Einen Satze haben: was ich denken kann, ist mein Gedanke, also ist mir undenkbar, was nicht mein Gedanke ist. Wer dieses Argument anerkennt, der kann nur durch die gröbste Inconsequenz irgend ein Transcendentes, gleichviel ob Ding an sich oder Ich an sich, zulassen, — er ist rettungslos dem absoluten Illusionismus verfallen. Deshalb, weil es sich selbst ad absurdum führt, muss dieses Argument in dieser uneingeschränkten Gestalt fehlerhaft sein, so bestechend es auch klingt. Wir haben oben dem Argument seine volle Berechtigung in Bezug auf den Begriff des Objektes zugestanden; das an sich Seiende kann nicht unmittelbar für mich sein, kann nicht Objekt sein; es kann als nicht [für mich Seiendes mir gar nichts sein. Aber wenn das Argument Recht hat in Bezug auf den Begriff des Objekts, so hat es darum noch nicht Recht in Bezug auf den Begriff des Transcendentalen, sobald sich nur für das Transcendente, auf welches dasselbe bezogen werden soll, eine positive, reale Anknüpfung finden lässt; denn als rein Negatives wäre es freilich ein blosses Nichts für den Gedanken, das nicht Träger einer transcendenten Beziehung werden könnte. Auch diesen offen stehenden Ausweg hatten wir oben angedeutet. In der Fähigkeit der Negation besitzt der Gedanke die Fähigkeit, auch das Negative seiner selbst zu setzen, aber es ist ein positiv Undenkbares, ein willkürliches Spiel, eine ohne Recht errichtete Schranke, so lange das Positive nicht gefunden ist, welches diesen Unbegriff erfüllt. Hier erhebt sich nun scheinbar dieselbe Schwierigkeit von Neuem: entweder ist das Positive, das den Begriff des Nicht-Immanenten erfüllen soll, selbst Gedanke, dann bleiben wir wiederum in der Sphäre des Gedankens stehen, oder es ist Nichtgedanke, dann ist es nicht denkbar. An diesem Punkte sind bisher alle Denker gescheitert, wenn sie sich dazu aufgeschwungen haben, bis zu ihm zu gelangen. Die Antwort ist, es muss Gedanke sein, und doch nicht mein Gedanke, nicht immanent, es muss ein Ideales sein, und doch nicht ein Ideales in meinem actuellen (gegenwärtigen) Bewusstsein, es muss inhaltlich identisch sein mit meinem Gedanken, und doch nicht er selbst sein. Die inhaltliche Identität mit meinem Gedanken verbürgt ihm die Denkbarkeit meinerseits, die formelle Verschiedenheit von meinem Gedanken verbürgt ihm die Transcendenz für mein Bewusstsein. Der identische Gedankeninhalt ist das, was in meinem Gedanken das Positive ausmacht, die verschiedene Form mit der aus ihr folgenden numerischen Zweiheit ist das, was in meinem Gedanken das Negative verlangt, die Negation der Immanenz im actuellen Bewusstsein. Das Bewusstsein reproducirt durch Nach-Denken ein Vorgedachtes, sich sagend, dass dieses Vorgedachte nicht sein gegenwärtiger Gedanke sei.

Nun kann bekanntlich kein Inhalt ohne Form existiren; es entsteht also die Frage, in welcher Form der identische gedankliche oder ideale Inhalt des Vorgedachten bestanden habe. Ein idealer Inhalt kann in zwei Formen existiren, als bewusster Gedanke oder als unbewusste Idee. Beide Formen sind möglich. Ist das Vorgedachte bewusster Gedanke, so muss es, um unmittelbar nachgedacht werden zu können, Gedanke desselben Bewusstseins gewesen sein. Die Erinnerungsvorstellung ist das Nachdenken eines positiven Gedanken-Inhalts mit dem begleitenden Bewusstsein, dass die gegenwärtige Vorstellung ihre specifische Bedeutung nur durch die Beziehung auf eine andere Vorstellung erhalte, welche nicht dem gegenwärtigen Bewusstsein angehört, also für dieses im strengsten Sinne des Wortes transcendent ist. Ist hingegen der nachzudenkende Inhalt in dem Vorgedachten in Form der intuitiven unbewussten Idee gegeben, so ist weiter zu beachten, dass eine solche nur existiren kann als Inhalt eines Willens, der sie realisirt, da unbewusste Idee nicht vom Willen losgelöst in's Dasein treten kann. Als Inhalt des sie realisirenden Willens ist die Idee unbewusst-idea-

les Geschehen. Ein solches ist die reale oder transcendente Causalität, deren rein logische Natur ich anderwärts
dargethan habe (Phil. d. Unbew. 2. Aufl: S. 709—711). Wäre
dem nicht so, so wäre die einzige Bedingung unerfüllt, welche
es möglich macht, dass der Bewusstseinsinhalt transcendentale
Beziehungen zu einem ausserhalb der Vorstellungsreihe dieses
Bewusstseins gelegenen Transcendenten gewinne. Das Bewusstsein denkt in seiner subjektiven Kategorie der Ursache
dasjenige discursiv nach, was in dem unbewussten ideal-
realen Causalprocess intuitiv vorgedacht ist; damit es dies
aber kann (und selbst das niedrigste Thier muss dies können —
4f. Wurzel S. 71), damit es dazu gelangt, seine Empfindung zum
ersten Mal nicht bloss als das zu nehmen, was sie an sich, d. h.
subjektiv, ist, sondern sie als Wirkung einer transcendenten Ursache aufzufassen und sie auf diese zu beziehen, dazu braucht
es vor und jenseits seiner selbst einen Instinct, der ihm die Anschauung bereits fix und fertig mit dieser transcendentalen Beziehung auf die transcendente Ursache bekleidet überliefert. Dieser subjektiv-instinctive Ursprung der transcendentalen Beziehung hindert aber keineswegs die Wahrheit der transcendentalen Beziehung (wie Schopenhauer glaubt — W. a. W. u. V.
I. 516); er bürgt vielmehr dafür, dass sie keine uns zum Narren
habende Illusion ist, sobald wir überhaupt zu der Erkenntniss gelangt sind, dass die Instincte mit ihren unbewussten Functionen
specielle Darstellungen der absolut logischen Natur des Unbewussten sind.

Ich habe oben die transcendente Causalität die einzige
Brücke zwischen dem Transcendenten und dem Immanenten genannt, weil sie die einzige reale Beziehung zwischen beiden ist, der einzige Fall, wo das Transcendente, wenn auch nicht
mit seinem Sein (denn das ist unmöglich), so doch mit dem
Endpunkte seines Functionirens in den Bewusstseinsinhalt
gleichsam hineinragt, und das Gebiet des Immanenten berührt.
Es wird nach dem jetzt Gesagten dieser Ausspruch noch deutlicher geworden sein. Vermittelst dieser Brücke liegt uns das
ganze Gebiet des Transcendenten offen.

Wir haben also als Resultat dieses Abschnittes estzuhalten,
dass es eine immanente Causalität, d. h. eine Causalität zwischen

verschiedenen Objekten des Bewusstseins, nicht giebt, sondern dass die apriorische Kategorie der Causalität nur die Vorstellung (Gedankenreproduktion) der transcendenten oder realen Causalität ist. Unsere Supposition der transcendenten Ursache der Empfindung ist also nicht die transcendente Ursache selbst, welche niemals Objekt werden kann, sondern eine Vorstellung (Repräsentation) derselben im Bewusstsein für das Bewusstsein, ein subjektiver oder immanenter Repräsentant der an sich seienden Ursache, aber eben darum transcendental. Wo der naive Realismus übereinstimmend mit dem subjektiven Idealismus in gewissen Verknüpfungen der Vorstellungsobjekte als solcher Causalität zu erblicken glaubt, da sieht der besonnene Kriticismus nur eine nachbildliche Verknüpfung von Objekten, welche diejenige transcendente Causalität für das Bewusstsein repräsentirt, die zwischen den von den Objekten repräsentirten Dingen an sich realiter obwaltet, und durch Afficirung der Sinne von Seiten der Dinge an sich in den verschiedenen Phasen ihrer Actionen sich im Bewusstsein abspiegelt. Auch da, wo (wie in der Ideenassociation) der Bewusstseinsinhalt jedes Augenblicks unmittelbar durch den des vorhergehenden bedingt erscheint, ist dies nur möglich durch eine reale Causalität zwischen den ganzen Vorstellungsfunctionen, die für den Bewusstseinsinhalt schon transcendent sind.

So löst sich der Zwiespalt der Kantischen Erkenntnisstheorie in einer höchst natürlichen und mit der naturwissenschaftlichen Denkweise vollkommen übereinstimmenden Art dadurch, dass man einfach in der bereits von Kant eingeschlagenen Richtung einer schärferen Kritik und Einschränkung der Behauptungen der transcendentalen Analytik weiter geht, als Kant selbst gethan hat, während seine unmittelbaren Nachfolger den entgegengesetzten Weg weiter verfolgt haben, wobei sie stets durch irgend welche sophistische Hülfsmittel der Selbsttäuschung der nothwendigen Consequenz ihrer Voraussetzungen, dem absoluten Illusionismus, ausbiegen zu können vermeinten.

VI.
Die Kategorien als Formen des Dinges an sich.

Wir haben in den beiden letzten Abschnitten das Ding an
sich auf dem einzig möglichen und nothwendig einzuschlagenden
Wege restituirt; es bleibt nun übrig, die Beschaffenheit desselben,
soweit wir sie schon beiläufig erkannt haben, zu recapituliren,
und die übrigen Formen seines Wirkens und Daseins genauer zu
untersuchen.

Was wirken können soll, muss zunächst existiren oder dasein,
das ist ausser allem Zweifel; mag sein Dasein nun bloss in seinem Wirken bestehen, oder sonst noch mehr umfassen, auf jeden
Fall ist das Wirkende oder die Ursache ein Daseiendes. Da
nun das Ding an sich, um zwischen verschiedenen Bewusstseinen
vermitteln zu können, auch auf dieselben wirken können muss, so
steht ausserdem für mich fest, dass das Dasein des Dinges sich
nicht in seinem (mir allein unmittelbar bekannten) Wirken auf
mich erschöpft. Wäre die Existenz des Dinges an sich eine
rein ideale (blosse Idee), so würde der eventuelle Conflict derselben mit anderen sich friedlich auf rein logischem Wege schlich-
ten; der Zwang, den das Wirken des Dinges meiner Willkür
auferlegt, beweist mir aber, dass ich es nicht bloss mit einem
solchen logischen, idealen Bestimmtwerden zu thun habe, sondern
mit einer durch einen Willen realisirten Idee, dessen Energie
sich häufig grösser ausweist als die des meinigen. Das Ding an
sich hat also neben der Causalität auch Dasein und Realität.
Ferner ist sein Wirken ein zeitliches, und ist der Moment seines Eintretens in die zeitliche transcendente Causalreihe, sowie
in die zeitliche Vorstellungsreihe meines Bewusstseins (welche
auch ein integrirender Theil der ersteren ist) der Zeit nach bestimmt. Sein Wirken ist veränderlich, wie ich daraus schliessen
muss, dass es mich öfters in mehreren auf einander folgenden
Zeitpunkten verschieden afficirt, ohne dass der Grund der veränderten Empfindung in mir zu suchen wäre. Aus einem veränderten Wirken unter sonst gleichgebliebenen Verhältnissen
folgt aber eine Veränderung im Dasein. Demnach ist das Ding

an sich veränderlich, also sein so und so bestimmtes Dasein selbst zeitlich. In Folge dessen fordert auch am Dinge an sich (dies freilich nur unter der Voraussetzung, dass es unter der Herrschaft logischer Gesetze steht) die Veränderung ein Beharrliches, das Existirende ein ihm Subsistirendes, das Dasein eine daseiende Substanz, welche selber als Substanz nicht mehr veränderlich, nicht mehr zeitlich ist. (Ob jedem daseienden Ding an sich eine besondere und getrennte Substanz zukomme, oder ob für alles Existirende das Subsistirende ein gemeinsames sei, diese Frage wird hierbei noch nicht berührt.) Die Veränderungen an dem Dinge an sich erfolgen aber nicht zufällig oder willkürlich, sondern gesetzmässig, je nach den causalen Einwirkungen, die das Ding betreffen. Nur unter dieser Voraussetzung, dass eine unmittelbar oder mittelbar von meinem Willen ausgehende Einwirkung (durch Handeln) das Ding an sich in unabänderlich gesetzmässiger Weise verändert, ist eine Communication der Bewusstseine vermittelst der Dinge an sich möglich. Die Veränderungen der Dinge sind also nach rückwärts ebensowohl Wirkungen, als sie nach vorwärts Ursachen sind; mithin ist der Daseinszustand des Dinges an sich ein durch und durch causal bedingter, d. h. nothwendiger.

Endlich sind der Dinge an sich nicht Eines, sondern viele. Denn zunächst unterscheide ich dasjenige Ding an sich, auf welches das transcendentale Subjekt bezogen wird, von denjenigen Dingen an sich, auf welche die anderen transcendentalen Objekte bezogen werden. Das erste wird als Ich an sich den Dingen an sich, oder als innere (transcendente) Ursache den äusseren (transcendenten) Ursachen gegenübergestellt. Als Vermögen, auf das Afficirtwerden von transcendenten Ursachen mit Sinnesempfindungen zu reagiren, diese synthetisch zu Objekten zu verarbeiten, über diese zu denken, auf deren reale Correlate zu handeln u. s. w., heisst das Ich an sich kurzweg Seele. Nun erhalte ich durch die Dinge an sich Kunde von der Existenz noch anderer Seelen ausser der meinigen, und niemand zweifelt im Ernste daran, dass er selbst, sein Weib und sein Kind nicht Eine, sondern drei Seelen sind. Aber doch erfährt er nur dadurch etwas von der Existenz der beiden letzteren, dass unter seinen Vorstellungsobjekten zwei von bestimmten menschlichen Körpern vorkommen, die er auf Dinge an sich bezieht, dass ferner diese seine Vorstellungsobjekte Veränderungen zeigen, die er auf Veränderungen in den entsprechenden Dingen an sich zu beziehen genötbigt ist, und dass die Art dieser Veränderungen in diesen Dingen an sich so beschaffen ist, dass er nicht umhin kann, auf das Verknüpftsein von (der seinigen ähnlichen) Seelen mit diesen Dingen an sich von Körpern zu schliessen. Hätte er nun keinen Grund, die Dinge an sich seiner Vorstellungen der Körper von Weib und Kind für zwei Dinge an sich statt für Eines zu halten, so würde ihm jeder Grund fehlen, zwei mit denselben verknüpfte Seelen statt Einer anzunehmen; denn einen direkten Schluss von vorgestellten menschlichen Körpern in meinem Bewusstsein auf entsprechende Seelen ausserhalb desselben kann ich auf keine Weise machen, da erstens Seelen nicht direkt mein Bewusstsein afficiren können, und zweitens selbst wenn dies möglich wäre, es doch unerklärlich bliebe, wie eine solche direkte Affection einer Seele durch die andere auf die Vorstellung von Körpern und körperlichen Bewegungen führen sollte, wenn es nicht ausser den Seelen noch Dinge an sich der Körper gäbe. Nehmen wir aber einmal für die Wahrnehmung eines Steines ein Ding an sich des Steines, für die Wahrnehmung der Bildsäule oder der Leiche ein Ding an sich der Bildsäule oder der Leiche als transcendente Ursache der Sinnesempfindung an, so liegt es auf der Hand, dass wir für die Wahrnehmung eines menschlichen Körpers ein Ding an sich des menschlichen Körpers als Ursache der Empfindung annehmen müssen, gleichviel ob dasselbe beseelt ist oder nicht. Ob dieses Ding an sich des menschlichen Körpers beseelt sei oder nicht, kann nur aus den Veränderungen, die an demselben vorgehen, und welche sich in den Veränderungen unserer Wahrnehmungen abspiegeln, erschlossen werden. — Nun erscheint aber in der That die Berechtigung zur Annahme mehrerer Dinge an sich für die Vorstellungen mehrerer menschlicher Körper völlig hinreichend. Denn beide afficiren uns verschieden, und verschiedene Wirkungen setzen verschiedene Ursachen voraus. Zwar kann ein und dasselbe Ding an sich verschiedene Wirkungen auf uns üben, aber nur zu verschiedenen Zeiten, indem es sich verändert; hier aber handelt es sich um gleichzeitige und doch verschiedene Wirkungen. Auch kann ein und dasselbe Ding an

sich gleichzeitig verschiedene Wirkungen auf uns üben durch die
verschiedenen Sinne; hier aber handelt es sich um dieselben Sinne und verschiedene Wahrnehmungen. Ferner lässt sich
in unserem Beispiel nachweisen, dass es nicht Ein Ding ist,
welches gleichsam mit verschiedenen Polen auf uns wirkt, sondern zwei wirklich verschiedene Dinge: denn erstens sind die
Wahrnehmungen numerisch verschieden, obwohl sie inhaltlich sehr ähnlich sein können; zweitens sind die transcendenten
Ursachen beider Wahrnehmungen in ihren Veränderungen von
einander unabhängig; drittens sind sie trennbar, da ich lange
Zeit hindurch nur von der einen ohne die andere afficirt werden
kann; viertens endlich sind sie einzeln und getrennt von einander für immer zu vernichten. Aus alle dem schliesse ich
mit Grund, dass der Dinge an sich viele sind, und dass ich völlig
im Rechte bin, wenn ich von der Vielheit solcher Dinge an sich,
bei denen ich annehmen muss, dass mit jedem derselben eine Seele
verknüpft sei, auf die Vielheit dieser Seelen schliesse. In der
Mannigfaltigkeit seiner Wirkungen aber kommt jedem dieser Dinge
an sich den anderen gegenüber Einheit zu.

Messen wir nun diese Resultate an der Kant'schen Kategorientafel, so zeigen sich alle vier Arten von Kategorien als Bestimmungen des Dinges an sich vertreten. Von den Kategorien
der Quantität: Einheit (in sich) und Vielheit (entsprechend
der Vielheit der Vorstellungsobjekte); von den Kategorien der
Qualität: Realität; von denen der Relation: Subsistenz und
Causalität; von denen der Modalität: Dasein (Existenz) und
Nothwendigkeit (causale Bedingtheit). Die nicht auf das Ding
an sich in Anwendung kommenden Kategorien Kant's sind oder enthalten blosse Beziehungsbegriffe des bewussten Denkens (Allheit; Negation, Limitation, Nichtsein; Möglichkeit, Unmöglichkeit, Zufälligkeit*)) oder sind in sich verfehlte Conceptionen

---

*) Möglichkeit, Unmöglichkeit und Zufälligkeit drücken nur das Verhältniss eines gedachten Ereignisses (das nicht wirklich ist, oder von dessen
Wirklichkeit doch abstrahirt wird) zu dem Stande unserer Erkenntniss aus.
(Die Nothwendigkeit thut dies zwar auch, aber sie drückt ausserdem auch das
Verhältniss eines wirklich eingetretenen Ereignisses zu seiner Ursache aus,
welches, abgesehen von seiner causalen Bedingtheit, freilich nur wirklich
heissen kann). Negation, Limitation und Nichtsein beruhen auf der gedanklichen Möglichkeit des Verneinens, ein Beziehungsbegriff, der dem discursiven,

(Gemeinschaft oder Wechselwirkung). Schon im vorigen Abschnitt hatten wir gesehen, dass sich Kant in der Kritik der praktischen Vernunft ohne Grund gegen die Heranziehung der Kategorien der Qualität und Quantität zu Bestimmungen des Dinges an sich sträubt, nachdem er die der Kategorien der Relation und Modalität im Wesentlichen sanctionirt hat. Und in der That, sobald man annimmt, dass in der Welt der Dinge an sich die Gesetze der Logik ebenso streng und ausnahmslos walten, wie in der Welt des Bewusstseins, dass jene nicht minder eine Selbstdarstellung der Einen absoluten Vernunft ist, wie diese, so fällt jedes Bedenken gegen diese Anwendung der Kategorien fort. Dies wird noch deutlicher werden, wenn wir kurz betrachten, was denn die Kategorien bei Kant bedeuten.

Für unser Bewusstsein als Gegenstände der Betrachtung isolirt, sind sie nichts anderes, als abstracte Begriffe. Wenn wir „von dem Empirischen in dem Erfahrungsgebrauche des Verstandes abstrahiren", so bleibt das Intellectuelle, d. i. die Kategorie, übrig (I. 437). Als anatomisches Präparat der Abstraction unterscheidet sich die Kategorie von keinem anderen Begriffe; wohl aber unterscheidet sie sich von den bloss empirischen Abstractis dadurch (III. 273), dass dasjenige, was das Bewusstsein als Kategorie aus der empirischen Gesammtanschauung heraussecirt, vor der fertigen Erfahrung bei der Genesis derselben vom Verstande selbst (unbewusster Weise) hineingelegt worden ist (I. 437, II. 167), während die empirischen Begriffe nur allgemeine Merkmale der Wahrnehmungen sind, die allein durch die Materie der Anschauung specifisch bedingt sind. So erweisen sich die Kategorien als Denkformen, mit welchen der Stoff der Anschauung gleichsam umkleidet wird (I. 503). Dieses Formen der Anschauung in die Kategorien hinein ist eine blinde (unbewusste) Function (II. 77) des Verstandes,

---

bewussten, irrthumsfähigen Denken ausschliesslich eigen ist, da das irrthumslose intuitive Denken innerhalb des Logischen niemals in die Lage kommen kann, zu verneinen, sondern immer nur, zu setzen oder zu bejahen. Die Allheit entsteht für uns aus der Vielheit durch doppelte Negation, durch Ausschluss eines Fehlenden; sie ist ein Beziehungsbegriff, dessen Berechtigung nur in unserer partiellen und stückweisen Auffassung und der ausdrücklichen Verwahrung gegen dieselbe liegt. Auch das seiende Absolute ist uns deshalb ein All, was für das intuitive Denken zwar keine Unwahrheit, aber eine leere Tautologie ist.

w,elche, psychologisch betrachtet, Keime oder Anlagen voraussetzt, in welcher sie vorbereitet liegt, und aus denen sie sich
bei Gelegenheit der Erfahrung entwickelt (II. 67, *connois-
sances virtuelles* des Leibniz). Metaphysisch betrachtet aber stehen
diese Denkformen vermöge ihres absolut logischen Charakters erhaben über jeder schöpferischen Willkür da; sie sind nicht bloss
beliebig eingepflanzt, nicht subjektiv im Sinne des bloss Individuellen, nicht zufällige Einrichtungen meiner individuellen Natur,
sondern nothwendige logische Formen (II. 758), die sich in
jedem discursiven Verstande und für jede Art von Sinnlichkeit,
mag sie der unsrigen ähnlich sein oder nicht, kraft der immanenten Nothwendigkeit der souveränen Vernunft entwickeln müssen (II. 744), und deshalb stets spontane Functionen, selbst-
gedachte Principien (II. 757) sind. (Die subjektiven Anlagen
sind also nicht als Mechanismen zu mechanischer Leistung zu verstehen, sondern als das Vermögen, selbst zu denken nach den Gesetzen der allgemeinen Vernunft — II. 757). Die Anschauungsformen könnten auch anders sein als die unsrigen (II. 37, 720),
die Denkformen nicht; sie sind wie sie sind, oder sie sind gar
nicht. Bedeutungslos sind die Kategorien nach Kant für die intellectuelle (göttliche, unbewusste) Anschauung, welche ihre Gegenstände durch ihre Intuition hervorbringt (742). Es ist klar,
dass für eine solche Anschauung die Kategorie niemals in abstracter
begrifflicher Gestalt vorkommen wird, und dass sie nicht wie bei
der sinnlichen Anschauung die Aufgabe haben wird, die von
aussen aufgenöthigte formlose Empfindung erst zu formen; sondern Anschauung und logische Form sind hier aus einem Gusse
der Spontaneität, und deshalb in untrennbarer Einheit; die Kategorie ist hier nicht anders als implicirt. Da die Dinge an sich
nichts anderes sind, als die vom Willen realisirten intellectuellen
Intuitionen der reinen (göttlichen) Vernunft (wie auch Kant die
Schöpfung der „Noumena" auffasst — VIII. 234), so müssen in
denselben die Kategorien ganz ebenso implicite enthalten sein,
wie in der göttlichen intellectuellen Anschauung.

Es ist dies nicht etwa eine ein für allemal vorausbestimmte
Harmonie zwischen Transcendentem und Immanentem (eine Art
von Präformationssystem der reinen Vernunft — II. 757), sondern eine sich unaufhörlich aus der allgemeinen Herrschaft der

nämlichen logischen Gesetze der schöpferischen Vernunft auf allen
Gebieten des Daseins von selbst ergebende Harmonie, eine Art
Conformitätssystem der reinen Vernunft, an welcher allgemeinen vernünftigen Harmonie aller Schöpfungssphären Kant gewiss
am wenigsten zweifelte (VIII. 239—240), wenn man dieselbe nur
nicht wie Leibniz als den geistlosen Mechanismus prästabilirter
Uhrwerke auffasst. Aber Leibniz war hierzu nur deshalb genöthigt, weil er die transcendente Causalität verdammte, und kein
Afficirtwerden der fensterlosen Monaden zuliess, wogegen Kant
dieses mechanische Präformationssystem dadurch überwand und
zu einem Conformitätssystem der reinen Vernunft den Grundstein
legte, dass er die transcendente Causalität wieder einführte. Fichte
springt über den Punkt hinweg, aber Schelling sieht sich in seinem transcendentalen Idealismus von Neuem genöthigt, zur Leibnizischen prästabilirten Harmonie seine Zuflucht zu nehmen, weil
er und Fichte die transcendente Causalität wieder beseitigt hatten. Erst in Hegel gelangt das Conformitätssystem der reinen
Vernunft zu seiner vollen Blüthe, was ihm aber nur dadurch möglich
wird, dass jede Schranke des Processes für die Bewusstseine unter
einander hinweggerissen wird. Anstatt den trennenden Strom zu
überbrücken und die fruchtbaren Fluren jenseits des Flussbettes
fleissig zu beackern, durchsticht Hegel die Deiche und schwimmt
lustig auf der allgemeinen Ueberschwemmung herum.

Wir haben gesehen, wie der tiefere Geist der Kantischen
Philosophie auf ein Conformitätssystem der reinen Vernunft hin-
weist, und wie das Streben nach diesem Ziele sich in verschiedenen Andeutungen verräth. Aber gerade da, wo diese tiefe Auffassung des Erkenntnissproblems seinen bewussten und nachdrück-
lichsten Ausdruck finden sollte, in der Lehre von den Kategorien
in der transcendentalen Analytik, gerade da fehlt dieses Bewusstsein (besonders in der ersten Auflage) und giebt vielmehr entgegengesetzten Behauptungen Raum. Es entspricht dies Verhalten zu den Kategorien im Allgemeinen ganz dem Verhalten Kant's
zur Causalität im Besonderen.

„Es sind nur zwei Fälle möglich, unter denen synthetische
Vorstellung und ihre Gegenstände zusammentreffen, sich auf
einander nothwendiger Weise beziehen und gleichsam einander
begegnen können. Entweder, wenn der Gegenstand die Vor-

stellung, oder diese den Gegenstand allein möglich macht.*) Ist das Erstere, so ist diese Beziehung nur empirisch, und die Vorstellung ist niemals a priori möglich Und dies ist der Fall mit Erscheinungen, in Ansehung dessen, was an ihnen zur Empfindung gehört" (88). Dahingegen findet es „nicht in Ansehung der Kategorien (auch nicht der reinen sinnlichen Anschauung) statt; denn sie sind Begriffe a priori, mithin unabhängig von der Erfahrung... Folglich bleibt nur das zweite übrig" (757), d. h. die Kategorien bestimmen die Art unserer Auffassung des Gegenstandes, da sie das Ding selbst seinem Dasein nach nicht bestimmen können (88). „So übertrieben, so widersinnig es also auch lautet, zu sagen: der Verstand ist selbst der Quell der Gesetze der Natur, und mithin der formalen Einheit der Natur, so richtig, und dem Gegenstande, nämlich der Erfahrung angemessen, ist gleichwohl eine solche Behauptung. Zwar können empirische Gesetze, als solche, ihren Ursprung keineswegs vom reinen Verstande herleiten, so wenig als die unermessliche Mannigfaltigkeit der Erscheinungen aus der reinen Form der sinnlichen Anschauung hinlänglich begriffen werden kann. Aber alle empirischen Gesetze sind nur besondere Bestimmungen der reinen Gesetze des Verstandes, unter welchen und nach deren Norm jene allererst möglich sind" (124). So lichtvoll und schön diese letztere Stelle erscheint, sobald man in derselben unter „Natur" die Gesammtheit der Dinge an sich in ihrem causalen Zusammenhange, und unter „Verstand" den unbewussten intuitiven Verstand versteht, welcher die Dinge an sich durch sein sie Denken hervorbringt, — so schwierig in sich und unhaltbar erscheint dieselbe im immanenten Sinne gefasst, wie Kant es meint, daher denn auch dieser in einer späteren Schrift selbst eingesteht, dass dieses treffliche, wie absichtlich eingerichtete Zusammenstimmen der a priori nicht ableitbaren empirischen Naturgesetze mit unserer Fassungskraft weder von ihm, noch von sonst jemandem (?) weiter erklärt werden könne (1. 481).

---

*) Die Parallelstelle der zweiten Anflage lautet: „Nun sind nur zwei Wege, auf welchen eine nothwendige Uebereinstimmung der Erfahrung mit den Begriffen von ihren Gegenständen gedacht werden kann: entweder die Erfahrung macht diese Begriffe, oder diese Begriffe machen die Erfahrung möglich" (757).

Zunächst beruht die ganze Begründung für die Behauptung, dass die Kategorien die Erfahrung und dadurch indirekt die empirischen Naturgesetze bestimmen, ausschliesslich auf der Elimination der anderen Seite der Alternative. Ergiebt sich nun aber, dass die Alternative als solche falsch ist, dass es nicht nur eine dritte Möglichkeit giebt, sondern dass diese sogenannte dritte Möglichkeit überhaupt die einzige ist, dann fällt das Bindende jener Begründung fort. Eine solche dritte Möglichkeit ist aber eben die Conformität des Immanenten und Transcendenten hinsichtlich der logischen Formen des Denkens und Daseins. Diese dritte Möglichkeit besteht also in der Annahme, dass zwar die Objekte durch Denkformen a priori aus der Empfindung formirt werden, dass aber die Uebereinstimmung dieser so construirten Objekte mit den Dingen an sich, welche die Empfindung für die Anschauung geben, also mit anderen Worten die Wahrheit (61, 163) der Vorstellungsobjekte hinsichtlich ihrer synthetischen Formen, nur dadurch möglich wird, dass die Dinge an sich in denselben logischen Formen existiren, wie die Objekte gedacht werden. — Aber die Sache ist noch viel schlagender darzuthun, wenn man von der Frage nach der Uebereinstimmung überhaupt zu der Frage übergeht, wie die Uebereinstimmung in diesem concreten Falle möglich sei. Denn die Behauptung der Uebereinstimmung überhaupt bedeutet nur, dass Denken und Dinge unter logischen Gesetzen der Existenz stehen, aber sie klärt uns nicht darüber auf, ob und wie es möglich sei, dass in jedem gegebenen Falle concrete Wahrheit der Vorstellung erzielt werde, d. h. gleiche logische Formen auf beiden Seiten zur Anwendung kommen. Wäre es wahr, was Kant behauptet, dass die Denkformen vom Verstande völlig spontan der Anschauung übergezogen werden, so wäre es vollkommen dem Belieben des Verstandes überlassen, welche und wie viele der apriorischen Denkformen er einer gegebenen Anschauung überziehen wollte; er würde mithin bei dieser Operation das Gefühl der Freiheit haben müssen, während die Selbstbeobachtung das Gegentheil lehrt, und Kant selbst das Gefühl der Nöthigung in Anwendung bestimmter Kategorien in Bezug auf die Causalität einräumt und für seine Deductionen benutzt. Es wäre ferner kein Grund abzusehen, warum im Wie-

derholungsfalle dieselbe Anschauung immer dieselben Kategorien erhalten sollte, da der Verstand sich ja an der Abwechse-
lung ergötzen könnte, die Anschauungen die ihnen gleichgültigen
Formen der Kategorien wechseln zu lassen, wie der Regisseur
die Schauspieler ihre Kleider wechseln lässt. Natürlich könnte,
bei aller Uebereinstimmung der Denkformen und Daseinsformen
überhaupt, doch nur durch Zufall einmal eine Uebereinstimmung der Denkformen eines bestimmten Vorstellungsobjektes mit
den Daseinsformen des an sich Seienden, auf das es sich transcendental bezieht, herauskommen, d. h. nur zufällig könnte einmal eine Vorstellung Wahrheit hinsichtlich der in enthaltenen
Kategorien besitzen. Soll die Willkür des Verstandes in der
Vertheilung seiner Kategorien an die gegebenen Anschauungen
beschränkt werden, so ist dies nur dadurch möglich, dass die
gegebenen Anschauungen in sich selbst bereits gewisse Merkmale tragen, welche die Anwendung gewisser Kategorien logisch erfordern, die anderer Kategorien als unlogisch erscheinen lassen. Soll zwischen den Daseinsformen und den auf
eine bestimmte gegebene Anschauung anzuwendenden Denkformen Uebereinstimmung zu Stande kommen, so müssen die in der
Anschauung gegebenen Merkmale vermittelst des Empfindung er-
zeugenden Causalprocesses abhängig sein von den Daseinsformen der transcendenten Ursache. Nur unter der ersten Voraussetzung ist das empirisch gegebene Gefühl der Nöthigung bei
Anwendung bestimmter Kategorien auf bestimmte Anschauungen
erklärlich; nur unter der letzten Voraussetzung ist Wahrheit der
Vorstellung, ist überhaupt Erkenntniss möglich. Die Erklär-
barkeit der inneren Erfahrung und die Möglichkeit der Erkenntniss sind aber nach Kant die Bedingungen jeder Erkenntnisstheorie. (Nur Uebereinstimmung der Vorstellung mit einem vom
Subjekt unabhängigen, d. h. an sich seienden Dinge kann
Wahrheit sein, denn nur durch Uebereinstimmung mit einem solchen kann ein vom Subjekt unabhängiger Erkenntnissinhalt
entstehen, und nur ein solcher kann gleichmässig bindend für
alle Subjekte, kann objektive Wahrheit sein. Dies weiss auch
Kant sehr wohl — III. 58 unten —, daher ist bei der Kant'schen
Formaldefinition der Wahrheit — „Uebereinstimmung der Erkenntniss mit ihrem Gegenstande" — unter Gegenstand stets dasje-

nige vom Subjekt unabhängige, d. h. transcendente, Etwas zu
verstehen, auf welches das Vorstellungsobjekt bezogen wird —
II. 61; vgl. oben S. 42 unten).

Obwohl wir auf die erkenntnisstheoretische Untersuchung des-
jenigen in den Anschauungen, was die Anwendung einer jeden
einzelnen Kategorie logisch bedingt, hier nicht näher eingehen
können, so diene doch noch einmal die Kategorie der Causalität
zur Erläuterung des Gesagten. Nach Kant wenden wir die Kategorie der Causalität auf alle uns gegebenen Objekte an. Dies
wäre schon richtig, wenn damit nur die abstracte Annahme des
Satzes vom zureichenden Grunde gemeint sein sollte, aber Kant
meint es, wie wir wissen, im Sinne einer in allen ihren Gliedern
gegebenen, durchweg bewusstseinsimmanenten Causalreihe, die er
mit der Successionsreihe der Vorstellungen confundirt. Während
nun also in Wahrheit blosse Succession und Causalität (der den
Objekten correspondirenden Dinge) wohl zu unterscheiden sind,
und es oftmals eine der schwierigsten Fragen ist, im gegebenen
Falle zu entscheiden, ob die Annahme der Causalität durch die
eigenthümliche Beschaffenheit des Wahrnehmungsinhalts gerechtfertigt und logisch gefordert sei oder nicht, macht Kant sich die Sache
sehr bequem, indem er die Kategorie der Causalität einer jeden
nicht durch blosse subjektive Willkür herbeigeführten Succession
von Wahrnehmungen ohne Unterschied vom Verstande überziehen
lässt. Würde man Kant zum Eingeständniss des Unterschiedes
zwischen Causalität und Succession nöthigen können, so würde
er sich auf die souveräne Spontanität des Verstandes reducirt
sehen für die Entscheidung, ob in einem gegebenen Falle von
Succession die Kategorie anzuwenden sei oder nicht, womit ihm
freilich auch wieder der Unterschied von Willkür und Nothwendigkeit zwischen den als bloss subjektiv gewussten und den für
objektiv genommenen Successionen verloren ginge. Gesetzt aber
es wäre nun für Anwendung der Kategorie der Causalität entschieden, so entsteht die neue Frage, ob die Vorstellung A (respective das ihr entsprechende Ding) Ursache oder Wirkung sei,
und ob B Wirkung oder Ursache sei. Kant geht so weit, auch
diese Entscheidung der souveränen Spontaneität des Verstandes
anheimzustellen; erst dadurch, dass der Verstand sich darüber
entscheidet, welches von beiden Ursache und welches Wirkung

sei, erst dadurch bestimmt er nach Kant das Frühere und das
Spätere in der Successionsreihe. In Wahrheit aber ist das Frühere und das Spätere in der Successionsreihe der Empfindungen
empirisch gegeben, und bildet zugleich das Merkmal für den
Verstand, das ihn logisch zwingt, das Frühere zur Ursache, das
Spätere zur Wirkung zu erklären, weil das Gegentheil unlogisch
wäre. (Auch Schopenhauer nimmt zwar an, dass die concret bestimmte Succession auch ohne Causalität empirisch gegeben sei
— 4f. Wurzel S. 82—83 —, aber es scheint mir die Möglichkeit eines solchen Gegebenseins unerklärlich, so lange man, wie
Schopenhauer thut, die transcendente Geltung der Zeit bestreitet,
da nur unter dieser Bedingung die Empfindungen als reale Functionen eine transcendent bestimmte Aufeinanderfolge in der Zeit
haben können, welche vom Bewusstsein mit percipirt wird. Es
erscheint daher der Kant'sche Standpunkt consequenter für den
formalen Idealismus).

Das Resultat dieses Abschnittes ist Folgendes: Kant hat
Recht, dass der Verstand selbstthätig die Kategorien aus sich
erzeugt und nach Maassgabe dieser allgemeinen logischen Denkformen die Anschauung synthetisch formirt; aber er hat Unrecht,
dass er den transcendentalen Gebrauch der Kategorien verbietet,
denn er hat (mit Ausnahme einiger bewusster Beziehungsbegriffe)
Unrecht, zu leugnen, dass dieselben ebensowohl Daseinsformen
des an sich Seienden seien, wie Denkformen des Gedachten. Er
hat Recht, dass die Sinnesempfindung uns zunächst ohne die
Kategorien empirisch gegeben sei, und dass mithin die Kategorien
nicht durch die gegebene Materie der Anschauung von aussen
in's Denken hineinkommen können; er hat Unrecht, dass die
Anschauung gleichgültig und gleich fügsam allen Kategorien ge-
genüberstehe und die Anwendung derselben (nach Art und Zahl)
ausschliesslich von der Spontaneität des Verstandes abhänge. Er
hat Recht, dass die Kategorien apriorische Denkformen sind,
welche a priori (d. h. vor Fertigstellung der Erfahrung) functioniren, und dass wir uns derselben durch Abstraction aus der
vollendeten Erfahrung isolirt bewusst werden können; er hat Unrecht, dass wir neben dieser a posteriori aus der fertigen Erfahrung gewonnenen abstracten Kenntniss der Kategorien (vgl.
II. 71) noch eine reine apriorische Kenntniss derselben haben,

oder dieselben als reiuen Bewusstseinsinhalt u priori besitzen, oder durch reines Denken erzeugen können. Als unbewusste logische Formen sind sie a priori (sowohl im Denken wie im Sein), als bewusste logische Formen sind sie a posteriori. In ihrer Anwendung unterscheiden sich die Kategorien noch dadurch von einander, dass allein und ausschliesslich die Kategorie der Ursache unmittelbar auf das Ding an sich leitet, alle anderen auf dasselbe anwendbaren Kategorien erst in zweiter Reihe auf das Ding an sich, als auf die transcendente Ursache der Empfindung, anwendbar sind. Je vermittelter solche Formirung ist, um so leichter lässt das für gewöhnlich unbewusste Geschehen sich im Bewusstsein reproduciren; daher ist die Anwendung der übrigen Kategorien leicht vom Bewusstsein in ihre Elemente aufzulösen und durch bewusste Synthesis wiederherzustellen; bei der ursprünglichen Anwendung der Kategorie der Causalität auf die transcendente Ursache der Empfindung ist es schon bedeutend schwerer (hiermit steht die Bildung der räumlichen Tiefendimension in nahem Zusammenhang); ganz unmöglich hingegen ist es, in die ursprünglichste aller unbewussten synthetischen Functionen mit dem Lichte des Bewusstseins einzudringen, in die extensive (flächenhafte) Entfaltung der zunächst rein intensiv und qualitativ gegebenen Gesichts- und Tast-Empfindungen.

VII.

Räumlichkeit und Zeitlichkeit als Formen des Dinges an sich.

Wir haben oben (S. 26—27, 53—55, 78—79) gesehen, dass das Ding an sich seiner Existenz nach zeitlich, seiner Subsistenz nach unzeitlich, ausserzeitlich oder überzeitlich ist; es entsteht die Frage, ob etwa dasselbe auch von der Räumlichkeit gelte, oder ob die Räumlichkeit im Unterschiede von der Zeitlichkeit gar keine Anwendung als Daseinsform auf das Ding an sich finde. Da die primitive Empfindung auch der räumlich anschauenden Sinne durchaus nur intensiv und qualitativ, aber auf keine Weise extensiv differenzirt

sein kann, so liegt es ausser allem Zweifel, dass die Seele die
Extension zu der Empfindung behufs Herstellung der räumlichen Anschauung ganz ebenso selbstthätig hinzuproduciren muss,
wie sie die Kategorien als selbsterzeugte zu der kategorienlosen
Anschauung hinzufügt. Hiernach ist es ganz unmöglich, dass der
Raum durch den gegebenen Stoff der Empfindung in die Seele
von aussen hinein komme, wenn auch diese gegebene Empfindung in ihren intensiven und qualitativen Elementen Merkmale
bei sich führen muss, welche die Seele zur Hinzufügung der Extension gleichsam auffordern; denn nur so ist es erklärlich, dass die
Seele bei einigen Gattungen von Empfindungen (denen des Gesichts,
Tastsinns und Muskelsinns) sich zur Entfaltung dieser synthetischen Thätigkeit genöthigt fühlt, bei anderen aber (denen des Gehörs,
Geruchs, Geschmacks und Gefühls) diese Thätigkeit unterlässt,
und jeden Versuch des Bewusstseins hoffnungslos erscheinen lässt,
diese Extension nachträglich zu bewerkstelligen; nur so ist es
ferner möglich, dass die concrete räumliche Gestalt jeder apriorischen Willkür entzogen ist, und eine gegebene Empfindung zugleich die Nöthigung in sich enthält, sie in nur einer einzigen
ganz bestimmten Gestalt räumlich zu entfalten, wenn sie einmal räumlich angeschaut wird. Aber diese Merkmale der Empfindung, welche die Anwendung überhaupt und die besondere Art
der Anwendung der raumbildenden Function der Seele beeinflussen, sind doch selbst vor Eintritt der Raumanschauung in der
ausschliesslich intensiv und quantitativ bestimmten Empfindung
gelegen, und daher unräumlicher Natur, so dass sie nur die Seele
zur Ausübung ihrer Function der Raumsetzung in einer gewissen
Art anregen, aber keinenfalls die Räumlichkeit in das Bewusstsein hineintragen können. Sobald man aber dies anerkennt, dass
die Räumlichkeit auf keine Weise durch die primitive Empfindung
in die Seele hineingelangen kann, so hört auch jedes Recht auf,
die Räumlichkeit des Wirkens der transcendenten Ursache (nach
Analogie der Zeitlichkeit) unmittelbar zu erschliessen.

Wenn nun auch dieser unmittelbare Weg versperrt ist, so
nöthigen doch anderweitige Erwägungen, dem Ding an sich hinsichtlich seines Daseins und Wirkens auch Räumlichkeit zuzuschreiben. — Wir haben im vorigen Abschnitt gesehen, dass der Dinge
an sich viele sein müssen, weil nur diese Annahme die Erklä-

rung der Erfahrung mit Hülfe transcendenter Ursachen ermöglicht. Und zwar sind in demselben Zeitpunkte viele Dinge an sich. Diese gleichzeitige Vielheit setzt ein medium oder principium individuationis voraus, welches macht, dass die gleichzeitigen Vielen doch nicht Eins, sondern viele sind. Dies ist nur möglich, wenn sie als getrennte neben einander sind, und die Form dieses (vorläufig noch abstract = praeter,verstandenen) „Neben" muss dem Raum in der subjektiven Erscheinung correspondiren. In der Erscheinung sind die Objekte dadurch viele, dass sie räumlich getrennt, räumlich neben einander vorgestellt werden; Raum und Zeit sind die correspondirenden Formen der Anschauung, welche als principium individuationis die Vielheit der Objekte bedingen. In dem Dasein der Dinge an sich ist ebenfalls die eine Seite des principium individuationis die Zeitlichkeit (denn zwei zeitlich getrennte, im Uebrigen gleiche Dinge sind nicht Eins, sondern zwei Dinge, z. B. der heutige Chinese und der vor tausend Jahren). Es fragt sich nun, ob die analoge andere Seite des principium individuationis im Dasein eine andere ist als im Anschauen, während die eine Seite in beiden gleich ist. Der Möglichkeit dieser Annahme steht nichts im Wege; nur wäre noch zu bemerken, dass die der subjektiven Form des Raumes correspondirende Daseinsform der Dinge an sich ebenso wie erstere drei Dimensionen (Dimension noch nicht im räumlichen, sondern zunächst nur im mathematischen Sinne genommen) haben müsste, weil nur unter dieser Voraussetzung die Veränderungen, welche unter den vielen Dingen an sich vorgehen, so zu deuten (und mathematisch zu behandeln) sind, dass sie die Erklärung unserer Wahrnehmungen ermöglichen (man denke an die auf dem Gravitationsgesetz und den Kepler'schen Gesetzen beruhenden Ansichten der Astronomie, wobei diese Gesetze in ihrem mathematischen Ausdruck zu nehmen und statt der Entfernung die entsprechende Daseinsform einzusetzen wäre). Gewiss ist eine solche anderweitige, dem Raum correspondirende Daseinsform von ebenfalls drei Dimensionen möglich, um in Verbindung mit der realen Zeit das reale principium individuationis auszumachen, so wie Zeit und Raum zusammen das bewusst-ideale principium individuationis ausmachen, und man kann Schopenhauer (der selber doch auch reale Individuen vor Entstehung der

bewussten Vorstellung annimmt) nicht Recht geben, dass Raum
und Zeit das einzig mögliche principium individuationis seien.
Anders stellt sich die Sache, wenn wir fragen, wie gross die
Wahrscheinlichkeit sei, dass in der realen Individuation der Raum
durch eine anderweitige Form des gleichzeitigen Nebeneinander
mit drei Dimensionen ersetzt sei. Diese Wahrscheinlichkeit ist
äusserst klein, denn es ist auch nicht das Allergeringste ausfindig
zu machen, was dafür spräche, — und nicht das Allergeringste, was
dagegen spräche, dass es die Form der Räumlichkeit selbst sei,
welche die Zeit zum realen principium individuationis ergänzt.
Principia non sunt multiplicanda praeter necessitatem. Da gar
keine Nothwendigkeit vorliegt, die nach Analogie der Zeit als
zweite Daseinsform sich darbietende Form des Raumes durch eine
andere Hypothese zu ersetzen, so bleibe man bei dieser nächst-
liegenden Hypothese, welche die Vielheit der Dinge an sich und
die Art ihrer Beziehungen zu uns hinreichend erklärt, und zugleich auf anschauliche Weise erklärt, was eine dafür unterge-
schobene andere Hypothese nicht vermöchte. Einen positiven
Unterschied einer anderen Hypothese von der des Raumes vermag man überhaupt auf keine Weise anzugeben; man kann zur
Bestimmung einer anderen Hypothese eben nur die mit dem Raum
übereinstimmenden Merkmale angeben, und dann die Negation hinzufügen, dass es trotzdem der Raum nicht sei. Erwägt
man nun, dass die Dinge an sich doch nur realisirte Intuitionen
der unbewussten Vernunft sind, und dass es ebenfalls die unbewusste Vernunft ist, welche in unbewusster intuitiver Weise die
Sinnesempfindung nach Maassgabe der in ihr gegebenen Merkmale zur räumlichen Anschauung formirt (die nun erst bewusst
wird), dann liegt der Gedanke sehr nahe, dass die unbewusste
Vernunft in beiden Fällen sich ein und derselben Intuitionsform
bedienen werde. Es wäre nicht abzusehen, was sie hindern sollte,
die unbewusste schöpferische Intuitionsform des Dinges an sich
in der unbewussten nachschaffenden Intuitionsform der zu bilden-
den Anschauung zu wiederholen, oder was sie hindern sollte, die
für unsere Sinnlichkeit intendirte Form des Raumes auch vorweg
zur schöpferischen Intuition zu verwenden. Simplex sigillum veri;
die Natur braucht nicht das Vielfältige und Complicirte, wo sie
mit dem Einfachen ausreicht. Die Analogie der Kategorien kann

uns ebenfalls auf die rechte Fährte weisen; wie dort Denkformen und Anschauungsformen (unbeschadet ihrer Apriorität, vielmehr gerade wegen derselben) dieselben waren, so werden hier die Daseinsformen und die Anschauungsformen (unbeschadet und gerade wegen ihrer Apriorität) dieselben sein; denn ,in beiden Fällen ist die Entstehung der Dinge an sich und die Entstehung des Vorstellungsobjekts respektive der sinnlichen Anschauung dieselbe, nämlich durch unbewusste logische Intuition. In beiden Fällen macht erst die Uebereinstimmung der Formen des Vorstellens und des Daseins die Uebereinstimmung der Vorstellung mit dem Daseienden (dem Ding an sich), d. h. Wahrheit und Erkenntniss möglich. Jede vorgebliche Erkenntniss, welche den Dingen an sich instinctiv Formen beilegt, die sie nicht haben, ist eine trügerische Erkenntniss. Nun haben wir gesehen, dass wir instinctiv Dinge an sich supponiren, und instinctiv unseren Objekten transcendentale Beziehung auf dieselben geben; ebenso instinctiv halten wir unsere Vorstellung für ein (im stereometrischen Sinne) ähnliches Ebenbild des Dinges an sich, auf welches wir sie beziehen, das heisst: wir halten die Dinge an sich instinctiv für räumlich und können nicht anders; es ist ein und derselbe Act, in welchem wir die Anschauung transcendental setzen, und als solche in den Raum hinausversetzen. Jeder unphilosophische Mensch wird dies bestätigen, sobald man ihn über den Unterschied des Dinges und seiner Vorstellung aufgeklärt hat. Wären also die Dinge an sich nicht räumlich so wäre unser Fürräumlichhalten derselben eine nothwendige und unvermeidliche Illusion; es hülfe uns gar nichts, uns diese Illusion in abstracto klar zu machen, sie würde doch immer in concreto ihr Recht behaupten. Diese Prellerei der Natur erreicht sofort ihr Ende, so wie man den Dingen an sich die Räumlichkeit zugesteht; dann behält der Instinct Recht, dass die Vorstellungsobjekte in räumlicher Hinsicht ähnliche Abbilder der Dinge an sich sind. Hätte Kant mit der Unräumlichkeit der Dinge an sich Recht, so wäre der äussere Sinn auf keinen Fall eine Erkenntnissquelle (II. 46); denn entweder bezöge man die Räumlichkeit der Vorstellungsobjekte auf die Dinge an sich, dann wäre der falsche Schein da (II. 718); oder man bezöge sie nicht auf die Dinge an sich, dann könnte alles aus dieser rein subjektiven Form Abgeleitette uns nur tiefer in die Erkenntniss der Einrichtung unserer eigenen Natur einführen (II. 49), aber niemals Erkenntniss von etwas anderem als unserer Subjektivität gewähren, und nur um solches andere ist es uns praktisch zu thun. Die Kant'sche Annahme macht also die objektive Erkenntniss entweder zum falschen Schein, oder sie hebt sie gänzlich auf, indem sie dieselbe in eine blosse Einsicht in die 'Natur der Subjektivität verwandelt. Wahre Erkenntniss ist nur möglich, wenn unsere Vorstellungsformen mit den Daseinsformen des (unabhängig von allem Bewusstsein) an sich Seienden übereinstimmen, also auch nur, wenn die Räumlichkeit Form der Dinge an sich ist; sie ist Bedingung der Möglichkeit der Erkenntniss. — Man könnte hier vielleicht einwenden, dass doch nicht alle Dinge an sich räumlich sein können, z. B. nicht die Ich's an sich oder Seelen. Zunächst ist die Seele, isolirt von dem Ding an sich des Leibes gedacht, eine blosse Abstraction, wenn es sich um ihr reales Dasein handelt; noch niemand hat das Dasein einer individuellen Seele anders als an ihrem Leibe nachgewiesen; nur an und in diesem räumlichen Dinge an sich hat sie ein individuelles Dasein, und der gemeine Menschenverstand, so weit er nicht durch theologische Vorurtheile corrumpirt ist, fasst sein Ich an sich niemals leiblos, sondern als organische Einheit von Seele und Leib. Sehen wir aber von dem Dasein der individuellen Seele ab, und reflectiren wir nur auf ihr Wesen und ihre Substanz, so ist diese freilich unräumlich, aber sie hat an dieser Unräumlichkeit vor dem Wesen oder der Substanz anderer Dinge an sich nichts voraus; das Wesen des Steines ist ebenso unräumlich wie das Wesen der Seele.

Ein anderer Einwand könnte folgender sein: Es ist naturwissenschaftlich constatirt, dass die Dinge weder farbig noch tönend, noch sauer, bitter u. s. w. sind, sondern dass die Beschaffenheiten der Dinge, welche als transcendente Ursachen diese Empfindungen in uns hervorrufen, mit diesen Empfindungen keine Aehnlichkeit haben. Es hat so z. B. die Molecularbeschaffenheit des Zinnobers, welche von allen Lichtstrahlen nur die die Empfindung des Rothen hervorrufenden reflectirt, alle anderen aber absorbirt, keine Aehnlichkeit mit der Empfindung des Rothen, welche mit dem räumlichen Vorstellungsobjekt eines Stückes Zinnober verknüpft ist. Wenn nun so auf den Gebieten aller Sinne die specifischen Empfindungsqualitäten, welche instinctiv mit den Vorstellungsobjekten verknüpft werden, keine Aehnlichkeit mit den correspondirenden ursächlichen Beschaffenheiten der Dinge an sich haben, so sind wir überall der Illusion unterworfen, warum also nicht auch in Bezug auf die Räumlichkeit des Objekts? Wenn wir in allen Sinnesqualitäten die Prädicate wie süss, roth u. s. w. in ihrer Anwendung auf die Dinge nur als die ursächliche Beschaffenheit verstehen dürfen, welche die Empfindung des Süssen, Rothen u. s. w. hervorruft, warum nicht auch in Bezug auf die Räumlichkeit? Wenn wir uns dort nicht über die unvermeidliche Illusion der instinctiven Anschauung des Objekts beklagen, warum denn hier? — Auch dieser Einwand fällt bei näherer Prüfung in sich zusammen. Denn neben der instinctiven Anschauung des rothen Zinnobers haben wir nicht nur die unbestimmte Vorstellung von der correspondirenden ursächlichen Beschaffenheit in dem Ding an sich des Zinnobers, sondern wir haben die ganz bestimmte Vorstellung, worin diese ursprüngliche Beschaffenheit besteht, nämlich in einer solchen molecularen Schichtung, dass nur Aetherwellen von etwa 0,0007 ^{mm} Wellenlänge reflectirt werden. Hierin ganz allein besteht unsere Erkenntniss von dem Dinge, nicht darin, dass wir wissen, dass es uns roth erscheint, ohne dabei etwas von den Ursachen dieser Wirkung zu ahnen. Aber unsere Erkenntniss ist nur unter der Voraussetzung Erkenntniss, dass Räumlichkeit und Zeitlichkeit Daseinsformen der Dinge an sich sind; ist diese Voraussetzung falsch, so ist die angebliche bestimmte Erkenntniss falsch, was man wenigstens von der unbestimmten Annahme einer ursächlichen Beschaffenheit für das Rothe nicht behaupten kann, weil sie keinen Anspruch auf Erkenntniss macht. Sind Räumlichkeit und Zeitlichkeit nicht Daseinsformen der Dinge an sich, so wird jede Erkenntniss der Dinge an sich unmöglich, sowohl was die ursächlichen Beschaffenheiten desselben in Bezug auf die Empfindungsqualitäten, als auch was die in Bezug auf die Anschauungsformen anbetrifft. Denn die Hypothese der Räumlichkeit der Dinge an sich dient nicht nur zur Erklärung der Möglichkeit einer Erkenntniss der Dinge, in soweit sie Ursachen unserer Empfindungen sind, sondern auch zur Erklärung der Möglichkeit einer Erkenntniss der Dinge, in soweit sie Ursachen der concreten Bestimmtheit unserer Anschauungsformen sind, so dass wir mit ihr allen Boden unter den Füssen verlieren. Während also die Incongruenz der Empfindungsqualität mit der correspondirenden ursachlichen Beschaffenheit des Dinges an sich die Erlangung einer wahren Erkenntniss von den Dingen an sich keineswegs hindert, sondern materiell erst ermöglicht und indirekt unterstützt, würde eine Incongruenz zwischen den Anschauungs- und Daseinsformen jede Erkenntniss von vorn herein unmöglich machen.

Diesen Unterschied übersehen diejenigen, welche da glauben, Analogieschlüsse von dem einen auf das andere machen zu können. Kant selbst hält übrigens beides energisch, wenn auch etwas unklar, auseinander (II. 38 — 39).

Soweit spricht Alles für die Räumlichkeit als reales principium individuationis, nichts gegen dieselbe — wenn nicht Kant's transcendentale Aesthetik und seine Antinomien. Was die Antinomien betrifft, so verdienen diese haltlosen dialektischen Spiegelfechtereien endlich einmal mit der gebührenden Nichtachtung behandelt zu werden; ich habe das Nöthige über dieselben schon anderwärts gesagt („Ueber die dialektische Methode" S. 20 — 21). Ueber die transcendentale Aesthetik aber werden wir nicht so leichten Kaufs hinwegkommen, wenn wir bedenken, was Schopenhauer über dieselbe sagt: „Die transcendentale Aesthetik ist ein so überaus verdienstvolles Werk, dass es allein hinreichen könnte, Kant's Namen zu verewigen. Ihre Beweise haben so volle Ueberzeugungskraft, dass ich die Lehrsätze derselben den unumstösslichen Wahrheiten beizähle" (W. a. W. u. V. I. 518). Ich bin so ketzerisch, zu bemerken, dass ich bei wiederholtem Studium der transcendentalen Aesthetik in verschiedenen Perioden niemals das Geringste von der Ueberzeugungskraft dieser Beweise verspürt habe, dass ich vielmehr erst dann Nachsicht gegen diesen Theil der Kant-Schopenhauer'schen Philosophie üben lernte, als ich auf ganz anderartigem Wege zu jener Wahrheit gelangt war, welcher diese Beweise dienen sollen. Diese Wahrheit besteht in der schon erwähnten Apriorität der räumlichen Anschauungsform 'als unbewusster synthetischer Function, durch welche die Empfindung zur Anschauung formirt wird. Nun sagt aber Kant niemals, dass

unter dem „A priori" der Raumanschauungsform etwas jenseits
des Bewusstseins Liegendes verstanden sei, während diesseits des
Bewusstseins Gestalten, Ausdehnung, Räumlichkeit und Raum eben
nur Abstractionen aus der Erfahrung sind (gerade wie die Kategorien); dadurch bleibt unklar, was eigentlich mit der Apriorität
des Raumes bewiesen werden soll, und die vorgeblichen Beweise
sind keine. Ferner aber überspringt Kant sein Ziel und glaubt
wie bei den Kategorien vor der Alternative zu stehen: entweder subjektive Anschauungsform, oder Form der Dinge an sich;
da er ersteres bewiesen zu haben meint, glaubt er gleich die Unmöglichkeit des letzteren bewiesen zu haben. Andererseits glaubt
er, dass alle indirekten Argumente gegen die transcendente Geltung des Raumes der subjektiven Apriorität zu Gute kommen.
So läuft denn bei der irrthümlichen Voraussetzung einer dogma-
tisch angenommenen Alternative ohne den geringsten Schein von
Begründung das Beweisen für die verschiedensten Behauptungen,
die gar nichts mit einander zu thun haben, kraus durcheinander,
in dem Glauben, immer ein und dasselbe Ganze von Behauptungen zu beweisen. Hiernach erscheint es am natürlichsten, die
transcendentale Aesthetik in der Reihenfolge ihrer Begründungs-
versuche der Kritik zu unterwerfen, und Abstand zu nehmen von
dem Versuche, die Begründung dafür, dass die Räumlichkeit nicht
Daseinsform der Dinge an sich sei (I. 469), von der Begründung
der anderen Behauptung zu sondern, dass sie apriorische Form
der Sinnlichkeit sei, da Kant sich das Verhältniss beider Behauptungen in keiner Weise klar gemacht hat; hätte er dies gethan,
so hätte er sofort sehen müssen, dass sie nicht das Mindeste mit
einander zu thun haben; denn offenbar ist es für die Dinge an
sich und ihre Daseinsformen sehr gleichgültig, ob unsere Raumanschauung apriosischer oder empirischer Natur ist, und sicher-
lich kann diese oder jene Beschaffenheit unserer Anschauung
kein Grund für uns sein, dem Ding an sich, das uns a priori
unbekannt ist, eine bestimmte Beschaffenheit (sei es nun Räumlichkeit oder Ursachlichkeit — II. 311—312) a priori abzu-
sprechen, wie Kant thut.

VIII.

Kritik der transscendentalen Aesthetik.

Die Gründe Kant's für die Apriorität der Raumanschauung lauten (in der Reihenfolge der 2. Auflage*)) kurzgefasst folgendermassen:

1.) Der Raum ist nicht eine Abstraction aus der Erfahrung, sondern

2.) eine nothwendige Vorstellung a priori.

3.) Der Raum ist nicht ein discursiver Begriff, sondern eine reine Anschauung.

4.) Der Raum wird als unendliche Grösse gegeben vorgestellt.

5.) Ohne Apriorität des Raumes ist keine Geometrie möglich, welche mit apodiktischer Gewissheit die mögliche Beschaffenheit des Seienden a priori bestimmt.

Daraus, dass der Raum nicht aus der Erfahrung abstrahirt ist, folgt, dass er vor der Erfahrung und unabhängig von derselben, d. h. a priori da sein muss, — aber die Prämisse ist falsch. Daraus, dass der Raum reine Anschauung ist, folgt, dass er nicht abstrahirt sein kann, sondern ursprüngliche Form der Sinnlichkeit ist, — aber die Prämisse ist falsch. Daraus, dass der Raum als einheitliche unendliche Grösse gegeben ist, folgt, dass er ursprüngliche reine Anschauung sein muss (da alle Erfahrung nur Endliches bietet), — aber die Prämisse ist falsch. Wenn es eine Geometrie giebt, welche die mögliche Beschaffenheit des Seienden a priori mit apodiktischer Gewissheit bestimmt, so folgt daraus nur, dass die Form des Seienden mit der Form des Denkens nothwendig übereinstimmt, aber gar nichts über die Natur dieser gemeinsamen Form des Raumes. Wenn die Geometrie eine Wissenschaft von apodiktischer Gewissheit für das Gebiet aller möglichen Vorstellungen ist, so folgt daraus nur die apriorische Nothwendigkeit ihrer logischen Synthesen, aber gar nichts über das gleichgültige

---

*) Den Inhalt des §. 3 der zweiten Auflage, welcher der Nummer 3.) der ersten Auflage entspricht, füge ich als 5.) den anderen 4 Punkten hinzu.

7*

Material (die räumlichen Gestalten), an welchen sie diese logischen Synthesen a priori vollzieht.

Hiermit sind die Gesichtspunkte bezeichnet, aus denen mir sämmtliche Gründe Kant's hinfällig erscheinen. Wir haben nunmehr auf das Einzelne näher einzugehen.

Ad 1.) Kant behauptet: „Der Raum ist kein empirischer Begriff, der von äusseren Erfahrungen abgezogen worden. Denn damit ich gewisse Empfindungen .... als in verschiedenen Orten vorstellen könne, dazu muss die Vorstellung des Raumes schon zum Grunde liegen" (II. 34). Der Begründungssatz ist erstens in dieser Nacktheit hingestellt eine ganz unbewiesene Behauptung, der mit demselben Schein von Recht ihr Gegentheil gegenübergestellt werden kann, und zweitens hat er gar nichts mit der Behauptung zu thun, die er begründen soll. Mag der Raum schon vor der Erfahrung vorhanden sein oder nicht, so ist er doch vor der fertigen Erfahrung keinenfalls im Bewusstsein vorhanden; das Bewusstsein lernt den Raum nicht früher als die Erfahrung, sondern erst an und in dieser kennen; will es denselben isolirt von den empirischen Anschauungen, an welchen es ihn gegeben empfängt, vor sich hinstellen, so bleibt ihm gar nichts übrig, als „von diesen Gegenständen zu abstrahiren", wo ihm alsdann die von diesen und jenen Gegenständen gereinigte Raumanschauung als Abstraction von den gegebenen Erfahrungen übrig bleibt (37). „So wenn ich von der Vorstellung eines Körpers das, was der Verstand davon denkt, als Substanz, Kraft, Theilbarkeit, etc., ingleichen, was davon zur Empfindung gehört, als Undurchdringlichkeit, Härte, Farbe, etc. absondere, so bleibt mir aus dieser empirischen Anschauung noch etwas übrig, nämlich Ausdehnung und Gestalt" (32). Dass diese Abstracta sind, wird kein Mensch bezweifeln wollen. Aus diesen habe ich dann abermals das abzusondern, was die Ausdehnung von der Gestalt, und was die Gestalt von der Ausdehnung unterscheidet, so bleibt wiederum etwas übrig, was der Ausdehnung und Gestalt gemeinsam ist, die Räumlichkeit. Die Räumlichkeit ist also eine Abstraction aus Ausdehnung und Gestalt, d. h. eine Abstraction zweiter Ordnung. Diese Räumlichkeit aber ist es, was die Empfindung zur räumlichen Anschauung macht, keineswegs der einheitliche unendliche Raum, der niemals in die

endliche Anschauung hineinkann (753 Anm.). Es ist also klar,
dass wir das Formale der Räumlichkeit uns isolirt nicht anders
als durch einen Abstractionsprocess vermitteln können. Will Kant
·diese Abstraction deshalb eine reine Anschauung nennen, weil
in ihr nichts mehr von der Materie der Anschauung, von der
Empfindung (32, 37, 55), sondern nur noch das Formale derselben enthalten ist, so kann man nur sagen, dass jedem seine Ver-
baldefinitionen freistehen, wenn er nur nachher die Entstehung
und Bedeutung seines Begriffs nicht vergisst. Dies thut er aber,
sobald er vergisst, dass die reine Anschauung eben nur die abstracte Vorstellung des von aller Materie entleerten Formalen
der Anschauung ist, eine Abstraction, die, wie alle Abstractionen,
nur aus der Erfahrung gewonnen sein kann, und deren einziger
positiver Rest eben nur jener beim Abstractionsprocesse stehen
gebliebener Theil der Erfahrung ist. Nirgends hat Kant
den Versuch gemacht, die reine Anschauung anders zu erklären
und begreiflich zu machen als durch den Abstractionsprocess,
ganz ebenso, wie wir gesehen haben, dass er die reinen Verstandesbegriffe uns nicht anders gegeben sein lässt als durch den
Abstractionsprocess aus der Erfahrung. Wenn also Kant es behufs der Begründung der Apriorität in Abrede zu stellen wagt,
dass die Räumlichkeit uns gar nicht anders als durch Abstraction
aus der Erfahrung gegeben sein könne, so widerspricht er seinem eigenen besseren Wissen. Was diese formale Seite der
räumlichen Anschauung vor der Entstehung der Erfahrung (und
bei der Erzeugung derselben vor deren fertig in's Bewusstsein
Treten) sei, und ob dieselbe durch den Stoff der Empfindung als
solchen empirisch gegeben, oder im Gegensatz zu derselben
subjektive Zuthat sei, darüber kann keine rein psychologische Speculation jemals Aufklärung bringen, sondern nur eine
psychophysische Betrachtung. So viel steht fest, dass der
von Kant angenommene Gegensatz iu der Entstehung der
Materie und der Form der Anschauung grundfalsch und
durch keinen Unterschied der inneren Wahrnehmung begründet
ist; denn der concrete Empfindungsinhalt und die concrete Form
der Anschauung drängen sich beide mit gleich unwidersteh-
licher Gewalt dem Bewusstsein als fertig gegebene und nicht willkürlich zu ändernde auf; beide sind Produkte der Seele, also

in ihrer specifischen Natur und Qualität (z. B. Farbe, Räumlichkeit) rein subjektiv, beide aber auch in ihrer concreten Bestimmtheit (diese Farbe, diese Gestalt) von aussen, d. h. transcendent, bedingt.

Ad 2.) „Der Raum ist eine nothwendige Vorstellung a priori"; denn man kann wohl die Dinge aus dem Raum, aber nicht den Raum selbst wegdenken, so dass der Raum als die nothwendige Bedingung der Möglichkeit der Erscheinungen, als ihre apriorische Grundlage angesehen wird (35, vgl. 40). — Gesetzt den Fall, man könnte den Raum nicht wegdenken, und sähe ihn als apriorische Bedingung der Möglichkeit der Erscheinungen an, so würde daraus nur folgen, dass wir nicht im Stande sind, eine andere Möglichkeit des Verhältnisses zwischen Objekten und Raum uns vorzustellen, keineswegs aber, dass es auch das Wahre sei, so wie wir die Sache ansehen. Vielmehr würde auf jeden Fall der Umstand, dass der Raum nur eine Abstraction von Erfahrungen ist, uns nöthigen, bei der entgegengesetzten Annahme stehen zu bleiben, dass unsere bewusste Raumvorstellung das Posterius der Erfahrungen ist, also sie auf diesen beruhen muss, nicht aber ihrerseits die Grundlage dessen sein kann, woraus sie selbst erst gewonnen wird. Man müsste also annehmen, dass eine solche Unmöglichkeit des Wegdenkens des Raumes, wenn sie bestände, einer anderen (nicht fern liegenden) Erklärung bedürfte, als der Kantischen, welche durch die psychologische Entstehung der bewussten Raumvorstellung logisch ausgeschlossen ist. Indessen ist diese Bemerkung überflüssig, da die von Kant behauptete Unmöglichkeit gar nicht besteht. Kant selbst liefert den besten Beweis davon, denn er behauptet, dass die reale Welt (d. h. die Welt der Dinge an sich und der Ich's an sich) unräumlich sei. Wäre es nun unmöglich, die Räumlichkeit und den Raum von den Dingen wegzudenken, so wäre die Behauptung Kant's eine der Einrichtung des menschlichen Vorstellungsvermögens widersprechende, also unvollziehbare, und damit wissenschaftlich gerichtete. Jeder, der seine Seele, sein Ich, unräumlich denkt, beweist dadurch die Möglichkeit, vom Raum zu abstrahiren, d. h. den Raum von den Dingen wegzudenken.

Kant erschwert die Beantwortung der Frage dadurch, dass er auch hier vom Raum, statt von der Form der Räumlichkeit

spricht, wo ihm die Untriftigkeit seiner Behauptung weit leichter
klar geworden wäre. Aber selbst auf den Raum bezogen, beruht
seine Auffassung auf einem Irrthum, der folgendermaassen zu erklären ist: Er stellt sich die materielle Welt in ihrer subjektiven Erscheinung hauptsächlich vermittelst des Gesichtssinnes vor;
indem er nun die Gegenstände aus dem Gesichtsfelde hinauswirft,
bleibt ihm die Anschauung des leeren Gesichtsfeldes übrig. Diese
Anschauung ist aber eine positive Empfindung; denn bekanntlich ist selbst das Schwarz eine positive Empfindung des
Sehnerven, um wie viel mehr das gewöhnlich zu einem matten
Grau oder auch zu einem gelbroth oder blau angehauchten Grau
subjektiv erhellte leere Gesichtsfeld der Phantasie. Dieses Gesichtsfeld der Phantasie unterscheidet sich ferner noch dadurch
von dem Wahrnehmungsgesichtsfeld, dass es nicht wie dieses ein
blosser Kugelausschnitt von etwa 90° ist, sondern dass es, wenn
auch in etwas unbestimmter Weise, zur vollen Sphäre erweitert
werden kann, obwohl der vordere Theil immer positiver und deutlicher, gleichsam gesättigter von Empfindung ist wie der hintere.
Dies ist nur eine besondere Anwendung des Vermögens unserer
Phantasie, uns beliebige Gegenstände als hinter uns befindlich
anschaulich vorzustellen. Es bleibt also diese Phantasievorstellung des leeren sphärischen Gesichtsfeldes immer beladen mit
Materie der Anschauung, mit sinnlichem Empfindungsstoff (des
Helligkeitsgrades und der Färbung), und ausserdem mit einer
Ortsbeziehung des anschauenden Ich auf den Mittelpunkt des
sphärischen Phantasieraums. Wir lernen daraus, dass es in aller
Strenge eine unsere Fähigkeit übersteigende Aufgabe ist, eine
von aller empirischen Empfindung gereinigte Anschauung des abstracten Raumes zu gewinnen. Ferner aber folgt aus der unvermeidlichen Ortsbeziehung des anschauenden Ich auf das Centrum
der Sphäre, dass, wenn es uns einen Augenblick gelungen sein
sollte, das ganze Phantasiebild des Raumes aus der Vorstellung
zu löschen, dasselbe sofort wieder aus diesem räumlich festgehal-
tenen Centrum als aus dem productiven Organ der Gesichtsan-
schauung von Neuem ausstrahlt. Dies kommt daher, weil der positive empirische Empfindungsstoff des Auges, welcher immer
vorhanden ist und unaufhörlich auch in absoluter Dunkelheit auf
unsere Seele einstrahlt, sofort die Aufmerksamkeit in Beschlag

nimmt, sobald die vorher dominirende Phantasievorstellung des
Raumes durch abstracte (unräumliche) Begriffe aus der Aufmerksamkeit verdrängt ist, also diese für die schwachen Gesichtswahrnehmungen gleichsam wieder jungfräulicher Boden geworden ist.
Dieses Eindringen der Empfindung wird aber von der Seele sofort auf die noch festgehaltene Ortsvorstellung des Sehorgans bezogen und so stellt sich das eben mühsam vernichtete Gesichtsfeld als scheinbar von dem örtlichen Ich ausstrahlend wieder her.
Diese Selbstbeobachtung scheint mir die Grundlage des Kantischen
Irrthums. Um aber den Raum ganz wegzudenken, hat man nur
nöthig, gleichzeitig das sphärische Phantasiegesichtsfeld und
das örtlich gefasste Sehorgan wegzudenken, d. h. von dem Gesichtssinn zu abstrahiren. (Der Tastsinn spielt für die Phantasie-
vorstellungen sehender Menschen nur eine untergeordnete Rolle.)
Wem dies zu schwer fällt, der denke sich einen Blindgeborenen,
welchem zugleich wegen Anästhesie der Haut der Tastsinn fehlt.
Unzweifelhaft würde dieser nicht glauben, dass seine Seele tönt,
dass seine Seele das Geschmeckte oder Gerochene ist, sondern
er würde eben so instinctiv wie wir seine sämmtlichen Sinneswahrnehmungen auf transcendente Ursachen beziehen. Es würde
diesem Menschen keineswegs das fehlen, was Kant den äusseren
Sinn nennt, d. h. die Fähigkeit, solche Empfindungen, welche
dazu nöthigen, zu räumlichen Anschauungen zu gestalten, — wie
sich sofort herausstellen würde, wenn seine Hautnervenanästhesie
oder seine Blindheit gehoben würde. Dennoch würde dieser Mensch
trotzdem, dass er im Besitze eines äusseren Sinnes ist, nicht zu
einer Vorstellung des Raumes gelangen, da ihm die Gelegenheit
fehlt, seine Fähigkeit anzuwenden, und deren Leistungen empirisch
kennen zu lernen. Diese Darlegungen beweisen auf das Schlagend-
ste, dass der Raum keine nothwendige (d. h. auf keine Weise fehlen
könnende) Vorstellung a priori ist (vgl. I. 446), wenigstens nicht
für das Bewusstsein, wovon an dieser Stelle allein die Rede ist.

Ad 3.) „Der Raum ist kein discursiver, oder wie man sagt,
allgemeiner Begriff von Verhältnissen der Dinge überhaupt, sondern eine reine Anschauung" (35). Dieses: „Nicht — sondern"
ist ganz verkehrt, und geht aus einer unrichtigen Ansicht Kant's
über das Verhältniss von Begriff und Anschauung im Allgemeinen hervor, welche Irrthümer sich im Besonderen schon dadurch

documentiren, dass die schroffe Entgegensetzung den oben dargelegten Stellen Kant's über Entstehung und Bedeutung der reinen Anschauung widerspricht. Was ein discursiver oder allgemeiner Begriff sei, darüber belehrt uns Kant in den ersten 6 Paragraphen des ersten Abschnitts seiner Logik ("Von den Begriffen") Es ist demnach ein Begriff eine Vorstellung, welche die Form der Allgemeinheit hat, d. h. bei welcher man sich bewusst ist, dass sie mehreren Anschauungen gemeinsam ist, ein Bewusstsein, welches durch Comparation der Einzelanschauungen, Reflexion und Abstraction (d. h. Absonderung des Nichtgemeinsamen) gewonnen wird. Dabei ist es nach §. 5 formell gleichgültig, und ohne Einfluss auf die Entstehung des Begriffs, ob der gegebene Inhalt der gemeinsamen Stücke der Anschauungen, aus denen die Abstraction gezogen wird, ein a posteriori oder a priori gegebener sei. So meint Kant sagen zu können: "der Begriff ist der Anschauung entgegengesetzt" (§. 1 Anm. 1), und behauptet: "dass Anschauung (dergleichen die Vorstellung des Raumes ist) und Begriff der Species nach ganz verschiedene Vorstellungsarten sind" (I. 513). Schopenhauer hat diese Ansicht bekanntlich bis in's Extrem ausgebeutet. — Dass der abstracte Begriff von der Einzelanschauung einen specifischen Unterschied besitzt erstens in der Negation der abgestossenen individuellen Reste, und zweitens in dem begleitenden Bewusstsein, eine vielen Einzelvorstellungen gemeinsame Vorstellung zu sein, das leidet keinen Zweifel; dass er aber etwas anderes sei, als eine mit diesen Nebenvorstellungen verknüpfte Einzelanschauung, das ist ein Irrthum. Alles Positive in unserem Bewusstseinsinhalt ist Anschauung, deshalb ist auch alles, was an einem Begriff positiver Inhalt ist, Anschauung, und selbst die Negation der individuellen Reste ist ein Begriff, an dem das einzige Positive die Anschauung des Aufhebens oder Wegnehmens ist. Der Begriff ist also in der That Anschauung, und wäre keine Anschauung mehr in ihm, so wäre er auch als Begriff aufgehoben. Selbst der Begriff des Nichts ist nur dadurch ein Begriff, dass er auf der Anschauung der Aufhebung des Etwas beruht. Der Begriff ist aber weiter auch Einzelanschauung; so lange ich das Positive des Begriffes noch mehrmals denke, so lange bin ich noch über das Stadium der Com-

paration nicht hinausgekommen zur Reflexion und Abstraction,
so lange habe ich den Begriff noch gar nicht, sondern bin
erst auf dem Wege zu demselben. Erst wenn ich die Vielheit
der gleichen Trennstücke der Einzelanschauungen zur numerischen
Identität, zur Einheit aufgehoben habe, also sie nun als singuläre Anschauung oder als Einzelanschauung besitze, erst dann
habe ich den Begriff gewonnen. Die aufgehobene Vielheit reflectirt sich nur noch in der begleitenden Vorstellung, dass diese
so gewonnene Einzelanschauung bei neuer Betrachtung in jeder
der vielen Einzelanschauungen, von denen ich ausging, von Neuem
aufzufinden sei. Nur dadurch, dass der Begriff Einzelanschauung
ist, kann ich von ihm sagen, er (der Einzelne) sei allgemein
(allen den Vielen gemeinsam).

Jede der Einzelanschauungen, von denen ich bei der Abstraction
ausgehe, ist aber ebenfalls begrifflich; denn sie ist ebenso unganz
und negativ wie der Begriff, ebenso blosses Trennstück einer um-
fassenderen Einzelanschauung wie jener, da sie stets nur ein von
der willkürlichen Aufmerksamkeit herausgeschnittenes Stück des
gesammten in diesem Augenblick auf das Bewusstsein eindringen-
den Empfindungsinhalts ist, und alles übrige abstossen und negi-
ren muss. Dieses Trennstück ist keineswegs durch blosses räum-
liches Ausschneiden, sondern meistens zugleich durch begriffliches
Ablösen entstanden. Ja sogar ausser der begrifflichen Analyse
geht die begriffliche Synthese der Entstehung der Einzelanschauung voraus, da sie, wie wir wissen, erst mit Hülfe der reinen Verstandesbegriffe entsteht. Sie ist auch allgemein in demselben
Sinne wie der Begriff, denn wie dieser kann sie unbeschadet ihrer
Einerleiheit sich in verschiedenen räumlich oder zeitlich getrennten
Vorstellungsacten nach Form und Inhalt wiederholen, nur dass
bei ihr für gewöhnlich auf diese potentielle oder actuelle Allgemeinheit nicht reflectirt wird. Aber auch beim abstracten
Begriff begnügt man sich meistens mit der Möglichkeit dieser
Nebenvorstellung, und wirthschaftet übrigens mit dem begrifflichen
Anschauungstrennstück, ohne auf die Allgemeinheit desselben anders als in besonderen Fällen ausdrücklicher zu reflectiren, während beim Combinationsbegriff sogar die Allgemeinheit ganz fehlen
kann, wie wir später sehen werden.

Man sieht hieraus, dass ein specifischer Unterschied im

Kant'schen Sinne, oder gar Gegensatz nicht einmal zwischen Ein-zelanschauung und Begriff, geschweige denn zwischen Anschau-ung überhaupt und Begriff besteht. Der Begriff ist Anschauung, und beide stehen nur zu dem rohen Empfindungsstoff in einem Gegensatz, der jedoch als solcher von dem Bewusstsein auch wie-der nur durch Abstraction ausgeschieden und isolirt werden kann. Die Anschauung im engeren Sinne ist nur ein Begriff von nie-drigerer Abstractions- (und Combinations-) Stufe, der Begriff ist nur eine Anschauung von höherer Abstractions- (und Combina-tions-) Stufe; je mehr man von dem rohen Empfindungsstoff zum sublimsten Begriffe emporsteigt, desto grösser wird relativ der Antheil der logischen Bearbeitung, desto kleiner relativ der An-theil der „Materie der Anschauung." Ganz aufhören kann sie niemals; es giebt für das Bewusstsein keine reinen, d. h. anschauungsfreien, Begriffe. Nun ist aber die sogenannte reine Anschauung, wie wir sahen, eine Abstraction, in welcher aller empirische Empfindungsinhalt abgestreift und die leere An-schauungsform allein selbst als Inhalt einer Anschauung übrig geblieben sein soll. Wir haben nachher die der Möglichkeit der Erfüllung dieser Anforderung entgegenstehenden Zweifel darge-legt; aber so viel ist gewiss, mag die reine Anschauung in voller Strenge oder nur annähernd für das Bewusstsein zu gewinnen sein, immer wird sie durch den Abstractiosprocess ihrer Gewinnung zum discursiven oder allgemeinen Begriff gestempelt, ohne dass dies ihrem Charakter als reine Anschauungsform den geringsten Eintrag thut.

Hiernach ist zu ermessen, welcher Werth Argumenten zu-kommen kann, welche die Identität zwischen dem allgemeinen Begriff des Raumes und der reinen Anschauung des Raumes zum Gegensatz verdrehen. Komisch ist es, welche Mühe sich Kant giebt, zu beweisen, dass derselbe Anschauung sei, als ob dadurch irgend etwas gegen seine begriffliche Natur und gegen sein Abstrahirtsein aus Erfahrungen bewiesen wäre.

Dieser nun folgende Beweis lautet so: „Denn erstlich kann man sich nur einen einigen Raum vorstellen .... Er ist wesent-lich einig; das Mannigfaltige in ihm, mithin auch der allge-meine Begriff von Räumen überhaupt, beruht lediglich auf Einschränkungen" (35—36). Und in der Parallelstelle über die Zeit heisst es: „Verschiedene Zeiten sind nur Theile eben derselben Zeit. Die Vorstellung, die nur durch einen einzigen Gegenstand gegeben werden kann, ist aber Anschauung" (41). Der erste Satz, dass man nur einen einigen Raum vorstellen könne, ist richtig für den Standpunkt des transcendentalen Realismus, aber falsch für den Kantischen Standpunkt des transcendentalen Idealismus. Denn den transcendentale Realist bezieht seinen Vorstellungsraum auf ein transcendentes Correlat, welches letztere schlechthin nur Eines, und zwar für alle Bewusstseine numerisch Identisches, also objektiv Einziges ist; der transcendentale Idealist hingegen leugnet ein solches numerisch identisches Correlat aller subjektiven Vorstellungsräume, für ihn hat der Raum keine höhere als subjektive Realität, und da alle Subjekte gleiche Berechtigung haben, so haben auch alle subjektiven Vorstellungsräume gleiche Berechtigung; er ist also logisch gezwungen, so viel Räume vorzustellen, als er Subjekte vorstellt. Freilich stellt er von allen diesen nur Einen unmittelbar, die anderen aber nur mittelbar vor, aber dieser Unterschied ist nur von secundärer Bedeutung, denn es bleibt doch das Bewusstsein bestehen, dass dieser Raum ein vielen Raumvorstellungen gemeinsamer, dass das Wesen des von mir vorgestellten Raumes etwas Allgemeines, nicht etwas Singuläres sei. Beschränken wir aber auch die Betrachtung auf den Einen von jedem Bewusstsein unmittelbar vorgestellten Raum, so ist selbst hier noch die Behauptung der Singularität für den Standpunkt des transcendentalen Idealismus falsch. Wir haben nämlich zwei räumliche Sinnesorgane, Tast- und Gesichtssinn. Von jedem der beiden ordnen wir die Empfindungen in extensive Reihen nach drei Dimensionen; aber die Qualität der Empfindungen ist ganz verschieden, und niemals sind wir in der Lage, eine Tastempfindung und eine Gesichtsempfindung in eine stetige extensive Reihe einzuordnen, wie es mit zweien der gleichartigen Empfindungen stets der Fall ist. Rein subjektiv betrachtet besitzen wir daher zwei ganz getrennte Wahrnehmungsräume, den Gesichtsraum und den Tastraum, und ebenso zwei getrennte Räume der reproduktiven Einbildungskraft, den Phantasie-Gesichtsraum und den Phantasie-Tastraum. Die Behauptung scheint nur deshalb auf

den ersten Blick auffallend, weil der Instinct sich um die subjektiven Räume als solche gar nicht bekümmert, sondern dieselben instinctiv sofort und immer auf ihr transcendentes Correlat bezieht, welches der Verstand als Eines weiss, so dass
nun das Bewusstsein, welches sich der Zweiheit seiner subjektiven
Räume wegen der identischen transcendentalen Beziehung derselben niemals bewusst geworden ist, zuerst über eine
solche getrennte Zweiheit der subjektiven Räume als solcher
höchlich erstaunt.

Kant's Prämisse von der Einzigkeit des Raumes ist also für
seinen Standpunkt in jeder Hinsicht unhaltbar. Die Art der daraus gezogenen Schlüsse ist es nicht weniger.

Kant folgert erstens aus der Einzigkeit des Raumes, dass
die vielen endlichen Räume nur Einschränkungen des Einen seien,
dieser also jenen im Bewusstsein vorhergehen müsse; zweitens
folgert er aus der Einzigkeit der Raumvorstellung, dass sie Anschauung, nicht Begriff sei.

Was die erste Folgerung betrifft, so haben wir uns hier auf
den schon oben flüchtig berührten Unterschied zwischen der
Räumlichkeit als einer Anschauungsform, und dem Raum
als einer mit Hülfe dieser Anschauungsform construirten Anschauung zu besinnen. Kant selbst sagt über diesen Punkt
(753 Anm.) Folgendes: „Der Raum als Gegenstand vorgestellt (wie man es wirklich in der Geometrie bedarf) enthält mehr
als blosse Form der Anschauung, nämlich Zusammenfassung"
(Synthesis) „des Mannigfaltigen, nach Form der Sinnlichkeit"
(Räumlichkeit) „Gegebenen, in eine anschauliche Vorstellung,
so dass die Form der Anschauung" (reine Anschauungsform =
Räumlichkeit) „bloss Mannigfaltiges, die formale Anschauung
aber Einheit der Vorstellung giebt." Kant gesteht also zu,
dass die reine Anschauungsform, die Räumlichkeit nur das Mannigfaltige, die endlichen in der Form der Sinnlichkeit gegebenen,
d. h. räumlichen, Anschauungen liefert, dass hingegen der Raum
als einheitliches Vorstellungsobjekt, als einiges Ganzes, mehr
als blosse Anschauungsform enthält, d. h. aus dieser allein nicht
hervorgehen kann, sondern dass seiner Construction eine Zusammenfassung, Combination oder Synthese des durch die reine Anschauungsform gegebenen Mannigfaltigen zur Einheit der Vorstel-

lung vorhergehen muss. Kant entschuldigt sich gleichsam in dem Fortgang dieser Anmerkung, dass er in der transcendentalen Aesthetik diese Synthesis immer schlechtweg zu der Sinnlichkeit gezählt habe, obgleich doch eine solche Synthesis den Sinnen gar nicht möglich sei. Er habe aber damit nur andeuten wollen, dass diese Synthesis allen Verstandesbegriffen (Kategorien) als solchen vorhergehe, ohne damit zu bestreiten, dass der Verstand es sei, der hier die Sinnlichkeit bestimmt (ebenso wie bei jener anderen Synthesis im Gebiete der Sinnlichkeit, welche wir Bewegung nennen — 749). Diese Erklärungen genügen, um Kant's Schlussfolgerung in ihr Gegentheil zu verkehren. Wenn der einige Raum als gegebenes Ganzes erst Produkt einer vom Verstande ausgeführten Synthese des räumlichen Mannigfaltigen ist, so ist er später als diese, aber nicht früher; es müssen dann die durch die sinnliche Anschauungsform allein aus der Empfindung formirten endlichen Anschauungen (das räumliche Mannigfaltige) das Frühere sein, aus welchem erst der einige Raum sich bilden kann, und nimmermehr können sie ihrer Entstehung nach blosse Einschränkungen dessen sein, was erst vermittelst ihrer zu Stande kommen kann, indem der Verstand sich dieses ihm gegebenen Stoffes combinatorisch bemächtigt. Kant hat leider nicht bemerkt, dass er in dieser Anmerkung zur zweiten Auflage der transcendentalen Analytik selbst seine frühere verkehrte Auffassung überwunden und berichtigt hat. In der Eberhard'schen Kritik erntet er die Frucht seiner Verwirrung von Raum und Räumlichkeit, und in der Entgegnung auf dieselbe erklärt er ausdrücklich, Eberhard habe wissen müssen, dass es ihm (Kant) nie eingefallen sei, die Anschauungsformen des Raumes und der Zeit als der Seele innewohnende Bilder aufzufassen, da sie vielmehr nur innewohnende passive Beschaffenheiten (Receptivitäten) des Gemüths seien, auf gewisses Afficirtwerden hin Vorstellungen von einer gewissen Vorstellungsform zu bekommen. Nur der erste formale Grund der Möglichkeit einer Raumanschauung sei das Angeborene, nicht die Raumvorstellung selbst. Erst in den Anschauungen, welche aus diesem Grunde hervorquellen, seien Bilder möglich (I. 445—446). Es ist klar, dass Eberhard sich dadurch hat irremachen lassen, dass Kant in der transcendentalen Aesthe-

tik das Wort „Raum" sehr gewöhnlich für die reine Anschauungsform des Raumes, d. h. für „Räumlichkeit" setzt. Unzweideutig
aber ist die Erläuterung Kant's, welche das hieraus hervorge-
gangene Missverständniss widerlegt. Kant gesteht hier der Sache
nach, wenn auch nicht den Worten nach, dasselbe zu, wie in der
Anmerkung zu II. 753, dass nämlich nur die Räumlichkeit,
nicht der Raum a priori genannt werden könne, und, füge
ich hinzu, auch diese nicht als bewusster Begriff, sondern als
unbewusste synthetische Function. Nach diesem Zugeständniss
hätte aber Kant die Nummern 3 und 4 der Begründung der Apriorität des Raumes in der zweiten Auflage consequenter Weise
streichen müssen, da in denselben von der synthetisch durch
den Verstand construirten Anschauung des einigen Raumes,
und gar nicht von der räumlichen Anschauungsform die Rede ist.

Was nun die anderen Folgerungen Kant's in dieser Nummer
betrifft, die Ableitung der Anschauungsnatur des Raumes aus
seiner Einzigkeit, so ist die Irrthümlichkeit dieser Bemühung
schon dadurch angezeigt, dass Kant's Entgegensetzung von Anschauung und Begriff sich als in dieser Form unhaltbar erwies.
Auch der Begriff als solcher ist eine Einzelanschauung, und wenn
auch ein durch blosse Abstraction gewonnener Begriff immer wenigstens zwei Anschauungen voraussetzt, denen er gemeinsam ist,
so kann doch ein durch Synthese oder Combination (aus Abstrac-
tionsbegriffen) gewonnener Begriff sehr wohl seine Allgemeinheit
einbüssen, wenn nämlich sein Inhalt als solcher die Singularität der
Existenz eo ipso einschliesst. Da nun der einige Raum eine Synthese aus mannigfaltigen räumlichen Abstractis ist, welche wesentlich mit Hülfe der Bewegung (d. h. durch Ueberschreiten der Schranken jeder gegebenen endlichen Gestalt) gewonnen wird, so stellt er
sich, dem Mannigfaltigen gegenüber, woraus er gewonnen wird,
als das Allumfassende dar, kann also (für jede Gattung des
gleichartigen räumlich-Mannigfaltigen) nur Einer sein. Ganz
ebenso gewinne ich den Begriff des Universums oder Weltalls,
indem ich alles gegebene endliche Seiende synthetisch verknüpfe*),

---

*) Kant's Behauptung, dass ich alle endlichen Räume nur als Einschrän-
kungen des einigen ganzen Raumes vorstelle, ist um nichts besser, als die
Behauptung wäre, dass ich alle endlichen Dinge nur als Einschränkungen des
Universums vorzustellen vermöge, und deshalb das letztere eine Anschauung
a priori sei.

oder den Begriff Gottes oder des Absoluten, indem ich die gewonnene synthetische Einheit des Seienden als unbedingte (geistige) Substanz denke. Niemand wird bezweifeln, dass „Universum, Gott, das Absolute" Begriffe (nicht Anschauungen) sind; niemand wird aber auch bezweifeln, dass der Inhalt dieser Begriffe unbeschadet der begrifflichen Natur Einzigkeit der Existenz fordert, und dies ist möglich, weil jene Beispiele nicht blosse Abstractionsbegriffe, sondern Combinationsbegriffe sind. Wenn ich den einigen Raum gewinne, indem ich alles mir zur Verfügung stehende räumlich-Mannigfaltige synthetisch verknüpfe, so ist die Möglichkeit der Construction eines zweiten Raumes einfach deshalb ausgeschlossen, weil ich mir bewusst bin, alles verfügbare Material schon in die erste Synthese hineingelegt zu haben, oder es doch wenigstens gethan haben zu sollen. — Die Räumlichkeit ist für das Bewusstsein ein blosser Abstractionsbegriff, der Raum ein Combinationsbegriff, und zwar, wie wir gesehen haben, nach Kant's eigener besserer Ueberzeugung.

Ad 4.) Wenn die vorige Nummer die Einheit und Einzigkeit des Raumes zum Stützpunkt nahm, so diese die Unendlichkeit. „Der Raum wird als eine unendliche gegebene Grösse vorgestellt. Nun muss man zwar jeden Begriff als eine Vorstellung denken, die in einer unendlichen Menge von verschiedenen möglichen Vorstellungen (als ihr gemeinschaftliches Merkmal) enthalten ist, mithin diese unter sich enthält; aber kein Begriff, als ein solcher, kann so gedacht werden, als ob er eine unendliche Menge von Vorstellungen in sich enthielte. Gleichwohl wird der Raum so gedacht (denn alle Theile des Raumes in's Unendliche sind zugleich). Also ist die ursprüngliche Vorstellung vom Raume Anschauung a priori, und nicht Begriff" (712).

Kant's Behauptung, dass ein Begriff nicht eine unendliche Menge von Vorstellungen in sich enthalten könne, ist ebenso unrichtig wie seine Behauptung, dass eine Anschauung als unendliche Grösse gegeben vorgestellt werden könne. Eine mathematische unendliche Reihe ist offenbar ein Combinationsbegriff, nicht eine Anschauung, denn sie ist eine Summe von höchst abstracten Gliedern. Nichtsdestoweniger enthält ein solcher Begriff eine unendliche Menge von Vorstellungen in sich, nämlich die Glieder der Reihe. Allerdings kann nur ein endlicher Theil dieser unendlichen Menge von Vorstellungen actuell in's Bewusstsein treten, die übrigen sind nur potentiell (oder der Möglichkeit ihres Bildungsgesetzes nach) im Bewusstsein vorhanden, aber dies ist bei jeder unendlichen Anschauung ganz ebenso der Fall. Von dem Raume habe ich auch immer nur eine endliche Sphäre im Bewusstsein, die ich durch meinen positiven Empfindungsstoff begrenzt anschaue, etwa so wie ich auf dem Rücken liegend den Raum als durch das Blau des Himmels begrenzt anschaue, wenn auch in beiden Fällen die endliche Entfernung der begrenzenden Empfindung innerhalb ziemlich weiter Grenzen unbestimmt gelassen zu werden pflegt. Als gegebene Grösse ist demnach der Raum immer endlich, und es ist ein logischer Widerspruch, dass irgend etwas als unendliche Grösse gegeben sein oder vorgestellt werden könne, weil alsdann eine vollendete Unendlichkeit gegeben wäre. Nun habe ich allerdings für meinen subjektiven Vorstellungsraum volle Freiheit, die Grenze des unaustilgbaren Empfindungsstoffes immer weiter heraus zu verlegen, aber damit erlange ich nur den negativen Begriff, dass für meinen jederzeit endlich gegebenen subjektiven Vorstellungsraum keine Grenze der möglichen Erweiterung in mir zu finden ist, und dieser Begriff, als begleitende Vorstellung dem endlich gegebenen Raume hinzugefügt, macht die Unendlichkeit des Raumes aus, die demnach wie jede Unendlichkeit nur als potentielle zu fassen ist. „Wäre es nicht die Grenzenlosigkeit im Fortgange der Anschauung, so würde kein Begriff von Verhältnissen ein Principium der Unendlichkeit bei sich führen" (36). Die Unendlichkeit des Raumes ist also nicht reine concrete Anschauung, sondern Begriff, denn sie beruht erstens auf der Verstandessynthese des Fortganges, der Bewegung (748—749 Anm.) und zweitens auf der begleitenden Vorstellung der Negation der Grenze (Grenzenlosigkeit), d. h. auf einer Kantischen Kategorie. Also ist der „unendliche Raum" jedenfalls Begriff, und erhält als Begriff eine unendliche Menge (möglicher) Theilvorstellungen in sich, gerade so gut wie der Begriff der unendlichen Reihe eine unendliche Menge möglicher Glieder in sich enthält. Uebrigens hat, wie schon oben erwähnt, der „Eine un-

endliche Raum" noch viel weniger Anspruch auf Apriorität wie
der „Eine Raum", da es ein noch viel abstracterer Begriff als
dieser ist.

Ich will nicht unterlassen, zu bemerken, dass selbst diese
subjektiv-potentielle Unendlichkeit nur von dem subjektiven Vorstellungsraum gilt, wo die Grenzenlosigkeit des räumlichen Fort-
gangs allerdings durch nichts als den zu früh eintretenden Tod
des Individuums gestört wird. Anders bei dem realen Raum,
welcher zwar noch eine potentielle Unendlichkeit als Grenzenlosigkeit möglicher realer Bewegung besitzt, welchen ich aber
nicht nach subjektiver Willkür durch Bewegung des Gedankens
erweitern kann, und den ich genöthigt bin (als transcendentes
Correlat, auf das ich meinen subjektiven Vorstellungsraum transcendental beziehe), begrifflich als jederzeit endlich zu supponiren,
da er nicht weiter reicht als die materiellen Dinge an sich, deren
Daseinsform er ist, und die materielle Welt nothwendig endlich
sein muss. Was die Behauptung der actuellen Endlichkeit des
realen Raumes paradox erscheinen lässt, ist nur der Umstand,
dass der Gedanke stets zur Ueberschreitung einer eventuellen
Grenze sich gereizt fühlt, und dabei vergisst, dass er, als bewusster Gedanke, auf den realen Raum gar nicht influirt. Dasselbe gilt von der subjektiv-idealen und der realen Zeit, wo die
Paradoxie des realen Zeitendes und Zeitanfanges übrigens leichter
überwunden zu werden pflegt.

Es finden am besten an dieser Stelle die Betrachtungen Be-
rücksichtigung, durch welche Kant (719) die Ungereimtheit
der Annahme darzulegen sucht, dass Raum und Zeit Beschaffenheiten seien, „die ihrer Möglichkeit nach in Sachen an sich angetroffen werden müssten." Als diese Ungereimtheiten giebt Kant
folgende an: Raum und Zeit wären alsdann „zwei unendliche
Dinge, die nicht Substanzen, auch nicht etwas wirklich
den Substanzen Inhärirendes, dennoch aber Existirendes,
ja die nothwendige Bedingung der Existenz aller Dinge sein
müssen, auch übrig bleiben, wenn gleich alle existirenden
Dinge aufgehoben werden." Man braucht nur alles umzukehren,
so hört es auf, ungereimt zu sein. Raum und Zeit als reale Daseinsformen sind erstens nicht actuell unendlich (sondern nur
ebenso potentiell unendlich wie die Anschauungen von Raum und

Zeit), zweitens sind es keine Dinge, sondern nur Beschaffenheiten (Daseinsformen) an Dingen, sie sind also nur insofern etwas Existirendes, als sie, was Kant negirt, etwas wirklich den Substanzen Inhärirendes sind, das also fünftens keinenfalls übrig bleibt, wenn alle Dinge aufgehoben werden, und sechstens sind sie nicht Bedingungen der Dinge, welche den Dingen der Existenz nach vorhergehen, sondern sie sind nur Bedingungen, ohne deren Erfüllung die Dinge nicht das sein würden, was sie wirklich sind, also ideale Bedingungen der Schöpfung solcher Dinge. Wir haben aber auch schon im vorigen Abschnitt gesehen, dass Raum und Zeit keineswegs Beschaffenheiten der Substanz als solcher (Kraft), sondern nur ihres Daseins (Aeusserung) sind, welches erst in und mit ihrem concreten individualisirten Wirken gesetzt ist. Es sind eben nicht Subsistenzformen, sondern Existenzformen. Will man diesen Unterschied durch die deutschen Worte Wesen und Erscheinung wiedergeben, so ist dagegen nichts einzuwenden, wenn man nur diesen Begriff der an sich seienden, der nicht subjektiv, sondern objektiv gesetzten (Hegel), oder göttlich gesetzten (Schelling) Erscheinung nicht verwechselt mit dem in seiner transcendentalen Beziehung auf das Ding an sich ebenfalls Erscheinung (subjektive Erscheinung) genannten Bewusstseinsinhalt. Die erstere Erscheinung bleibt auf transcendentem (unbewusstem) Gebiet, und ist Correlat des Wesens, die letztere ist nur das bewusste Correlat des Dinges (an sich), als der an sich seienden Erscheinung des Wesens. Das Wesen selbst aber, welches in seiner allumfassenden Einheit identisch ist mit Kant's intellectuell anschauendem und dadurch die Dinge hervorbringendem Urwesen (720), ist unräumlich und unzeitlich, also Kant's Bedenken hinfällig, dass Gott zu einem räumlichen und zeitlichen Wesen gemacht werde, wenn man Raum und Zeit „vorher zu Formen der Dinge an sich selbst gemacht hat" (719). Vielmehr prallt auch dieser Pfeil auf den Schützen zurück, denn gerade nach der Kantischen Auffassung wäre es schlechterdings unmöglich, anders als räumlich und zeitlich anzuschauen und zu denken, also von Gott eine andere als räumlich-zeitliche Ansicht zu gewinnen. Vom Dasein Gottes (insofern es sich im Dasein dieser Welt manifestirt) sind Räumlichkeit und Zeitlichkeit allerdings die Formen, da alles Dasein nur Dasein Gottes (des Urwesens, der Einen Substanz) ist; dies hat aber auch nichts Anstössiges. Also ist Kant's hierauf gebauter Schluss hinfällig: „Es bleibt nichts übrig, wenn man sie nicht zu objektiven Formen aller Dinge machen will, als dass man sie zu subjektiven Formen unserer äusseren sowohl als inneren Anschauungsart macht" (719—720).

Ad 5.) Wenn wir es in den ersten vier Nummern wesentlich mit direkten Begründungsversuchen für die Apriorität des Raumes zu thun hatten, so kommen wir nun zu indirekten Begründungsversuchen. Theils beruhen diese, wozu die zuletzt gemachte Abschweifung als Beispiel dient, auf dem versuchten Nachweis, dass Raum und Zeit nicht Daseinsformen der Dinge an sich sein können, theils aber auch auf der Behauptung, dass die Mathematik, eine zugestandener Maassen apriorische synthetische Wissenschaft von apodictischer Gewissheit, unmöglich sei ohne die Annahme der Apriorität von Raum und Zeit. „Wie kann nun eine äussere Anschauung dem Gemüth beiwohnen, die vor den Objekten selbst vorhergeht, und in welcher der Begriff der letzteren a priori bestimmt werden kann? Offenbar nicht anders, als sofern sie bloss im Subjekte, als die formale Beschaffenheit desselben von Objekten afficirt zu werden, und dadurch unmittelbare Vorstellung derselben, das ist Anschauung zu bekommen, ihren Sitz hat, also nur als Form des äusseren Sinnes überhaupt" (713).

Es handelt sich hier um zwei völlig von eiuander zu trennende Probleme, nämlich um das, was die Geometrie für Figuren unserer Einbildungskraft, und um das, was sie für Figuren der Wahrnehmung ist. In der ersteren folge ich ganz meiner Willkür im Stoff, meiner subjektiven Nothwendigkeit in der Form der Verknüpfung; in der letzteren hingegen ist jede Willkür meinerseits ausgeschlossen, und es spielt dafür eine äussere oder transcendente Nothwendigkeit mit einer inneren oder subjektiven durcheinander. Denn wenn ich an das Ding an sich einer Tafel herantrete, und fühle mich von derselben so afficirt, dass ich auf meiner Wahrnehmung der Tafel die Zeichnung eines Dreiecks vorfinde, so ist dabei keine Willkür meinerseits im Spiele; es hängt nicht von mir ab, ob ich ein Dreieck oder ein Viereck wahrnehme, sondern von der durch den Zeichner vorher bedingten Beschaffenheit des Dinges an sich der Tafel. Die geometri-

schen Gesetze meiner Wahrnehmung stimmen aber mit denen
meiner Einbildungskraft völlig überein, obwohl die ersteren für
mich a posteriori, die letzteren a priori bedingt sind. Man denke
sich z. B. die Tafel verhüllt, so dass mir successive eine Ecke
nach der anderen aufgedeckt wird, aber immer nur eine auf einmal. Obwohl ich hierbei niemals die Anschauung eines Dreiecks
bekomme, ergiebt doch die succcessive empirische Messung der
drei Winkel eine Summe von 180 °. (Man denke als anderes
Beispiel an die Aufnahme geodätischer Dreiecke, bei denen man
auch niemals die Anschauung der Figuren bekommt.) Erst aus
dieser Winkelsumme von 180° werde ich schliessen, dass die
Schenkel der gemessenen drei Winkel n u r d r e i gerade Linien
waren (was ich gar nicht sehen konnte), weil ich voraussetze,
dass die eigenthümliche Beschaffenheit des Dinges an sich der
Zeichnung eine derartige sei, dass, wenn die durch Afficirtwerden
von derselben in mir hervorgerufenen Figurenstücke sich zu einer
Figur zusammensetzen lassen, welche meinen subjektiven geometrischen Gesetzen des Dreiecks entspricht, dass dann auch der
Totaleindruck, den die Zeichnung an sich in mir hervorrufen
würde, ein der Figur des Dreiecks entsprechender sein würde.
Indem ich nun die Verhüllung von der Tafel ganz wegnehme
und die Wahrnehmung des stückweise gemessenen Dreiecks als
einheitliche Anschauung empfange, finde ich meinen Schluss, u n d
d a m i t d i e V o r a u s s e t z u n g, auf welche sich derselbe stützte,
e m p i r i s c h b e s t ä t i g t. Diese Uebereinstimmung ist aber nur
dann möglich, wenn in dem Ding an sich der Zeichnung zwischen
den realen Correlaten dessen, was in der Anschauung die Seiten
und Winkel sind, analoge gesetzmässige Verhältnisse bestehen,
wie zwischen den Seiten und Winkeln der Anschauung, wenn
also, allgemein gesprochen, in den Dingen an sich Gesetze walten, welche eine auffallende Analogie mit den Gesetzen der subjektiven Geometrie haben, und nur insofern von dieser sich unterscheiden können, als eine anderweitige (nicht räumliche) Daseinsform des Dinges an sich eine Modification in ihnen bedingt.
Falls hingegen die Räumlichkeit und Zeitlichkeit selbst Daseinsformen der Dinge an sich sind, so sind die mathematischen Gesetze für
das Dasein der Dinge und für das Denken i d e n t i c h; dann gewinnt die Erklärung der fraglichen Uebereinstimmung die höchste

Einfachheit. Dass eine solche Uebereinstimmung stattfindet, wissen wir nur aus Erfahrung, und hat diese Annahme den höchsten Grad von Wahrscheinlichkeit, den die Induction nur verleihen kann, da noch nie ein Fall constatirt ist, wo auf die Combination stückweiser Wahrnehmungen die Gesetze der subjektiven Mathematik nicht hätten passen wollen, wo also eine Incongruenz der formalen Daseinsgesetze und der formalen Denkgesetze entdeckt worden wäre.

Trotz dieser hohen Wahrscheinlichkeit, welche deductiv durch die Allgemeingültigkeit der logischen Gesetze überhaupt noch gesteigert wird, ist doch die Gültigkeit der mathematischen Gesetze für die Dinge an sich und die von denselben in uns hervorgerufenen Wahrnehmungen (insoweit letztere das mögliche Maass einheitlicher Totalanschauung überschreiten) nur Hypothese, keineswegs apodiktische Gewissheit. Die Ahnung dieser Einsicht scheint mir in dem Inhalt des folgenden Kantischen Satzes zu liegen: „Durch Bestimmung der ersteren" (der reinen Anschauung) „können wir Erkenntnisse a priori von Gegenständen (in der Mathematik) bekommen, aber nur ihrer Form nach, als Erscheinungen; ob es Dinge gebe, die in dieser Form angeschaut werden müssen, bleibt doch dabei noch unausgemacht. Folglich sind alle mathematischen Begriffe für sich nicht Erkenntnisse; ausser so ferne man voraussetzt, dass es Dinge giebt, die sich nur der Form jener reinen sinnlichen Anschauung gemäss uns darstellen lassen. Dinge in Raum und Zeit werden aber nur gegeben, so ferne sie Wahrnehmungen (mit Empfindung begleitete Vorstellungen) sind, mithin durch empirische Vorstellung" (743). Auch unser Beispiel vom Dreieck angewandt kann man dies so wiedergeben: Ich weiss zwar mit apodiktischer Gewissheit, dass es mir unmöglich ist, ein Dreieck, das ich mir denke, anders als mit der Winkelsumme von 180° zu denken; ob aber dieses gesetzmässige Verhältniss eine über die Subjektivität meines Gedankens hinausgehende Realität hat, davon kann ich a priori gar nichts wissen, sondern nur durch Erfahrung und Induction. Mithin ist zwar die subjektive Denknothwendigkeit der mathematischen Gesetze für mich apodiktisch gewiss, aber keineswegs ihre reale Gültigkeit, sondern diese ist nur höchst wahrscheinlich.

Wären nun, wie Kant in seiner gesammten Lehre ausser an dieser Einen Stelle es will, die mathematischen Gesetze nur von subjektiver Geltung, so hätten sie gar keine reale (also auch keine transcendentale) Bedeutung (53—54), und alle Mathematik wäre ein
werthloses Spiel mit subjektiven Verhältnissen und Beziehungen, welchem gar kein reales Correlat an den Dingen an sich
entspräche. Dann wäre es a priori unmöglich, dass mit Hülfe
mathematischer Arbeit jemals etwas anderes als eine höchst schnur-
rige Einrichtung unseres Verstandes erkannt würde; die mathematische Erkenntniss hielte sich dann ganz und gar auf subjektivem Gebiete, und würde niemals zur Erkenntniss eines anderen
Dinges als unseres eigenen Denkvermögens beitragen
können. Soll die Mathematik in irgend welcher Weise eine über
die reine Subjektivität hinausgehende Erkenntniss heissen können, so ist dies nur möglich, im Fall eine Identität der Denkformen und Daseinsformen und ihrer mathematischen Verhältnisse
und Gesetze oder doch wenigstens eine nahe Analogie und Pa-
rallelität derselben besteht, aber keinenfalls, wenn die concrete
Bestimmtheit der Anschauungsform eines Dinges, wie Kant bei
dieser Gelegenheit (713) anzunehmen scheint, bloss vom Subjekte abhängt, und das Vorstellungsobjekt nur deshalb a priori
bestimmt werden kann, weil der Stoff der Empfindung sich allen
solchen Bestimmungen gleichgültig und gleich willig als passive
träge Masse hingiebt. Kant hat also die Combination, welche er
anderwärts ahnt, hier übersehen, die eine und einzige Combination, welche es möglich macht, dass „relative Bestimmungen vor
dem Dasein der Dinge, welchen sie zukommen", d. h. a priori,
angeschaut werden können (36), — nämlich die Identität der Daseinsformen und Denkformen, also auch der formalen logischen Relationen im Dasein und Denken, in Folge deren a priori bestimmte
Relationen zutreffend werden für alles Daseiende, selbst für das Zu-
künftige. Weit entfernt demnach, dass die reale Geltung der Mathematik durch reale Geltung von Raum und Zeit als Daseinsformen
aufgehoben würde, wird sie vielmehr erst durch diese ermöglicht, — weit entfernt, dass aus der apodiktischen Gewissheit
einer mathematischen Erkenntniss von realer Geltung auf die
Apriorität derselben geschlossen werden könnte (52), hat dieselbe
als Induction aus der Erfahrung nur Wahrscheinlichkeit.

Wir kommen nun zu der anderen Seite des Problems, bei welcher wir es bloss noch mit dem Gebiete des subjektiven Gedankens zu thun haben. In der subjektiven Denknothwendigkeit, in der logischen Unmöglichkeit, anders zu denken, haben die mathematischen Gesetze allerdings eine apodiktische Gewissheit; aber sie haben dieselbe zunächst nur für mich, und sogar für mich nur unter der Voraussetzung der Fortdauer der logischen Beschaffenheit meines Denkvermögens. Ob für andere Bewusstseine dieselbe Denknothwendigkeit besteht, wie für das meinige, kann ich nicht a priori wissen, sondern nur durch Erfahrung, indem mir die Leute auf meine desfallsigen Fragen antworten, oder indem ich mich zweifelhaften Analogieschlüssen anvertraue. Jedenfalls ist das Bewusstsein dieser Denknothwendigkeit kein allgemeines, wie der gebildete Apotheker bewies, welcher die Wägung der aus Kartenpapier geschnittenen Katheten- und Hypothenusen-Quadrate für einen weit zufriedenstellenderen Beweis des Pythagoras erklärte, als alle geometrischen Constructionsbeweise zusammengenommen, — oder jener verrückt gewordene Professor der Mathematik, dessen einzige Beschäftigung darin bestand, jedem Zuhörer, dessen er habhaft werden konnte, mit allem Aufgebot mathematischen Scharfsinns vorzudemonstriren, dass die Winkelsumme im Dreieck nicht zwei Rechte betrage. Wenn ich für meine Person durch den Versuch empirisch constatire, dass ich mir der Denknothwendigkeit eines mathematischen Gesetzes bewusst bin, so gilt doch diese Behauptung streng genommen nur für diesen einen Fall des Versuchs, respective für so viele Versuchsfälle, als ich in meinem Leben vornehme; aber ich kann gar nicht wissen, ob ich nicht in der Zwischenzeit unbemerkt gebliebene Anfälle von Geistesstörung gehabt habe, in welchen der Versuch das entgegengesetzte Resultat geliefert hätte, oder ob mein Denken nach einer Stunde noch unter logischen Gesetzen stehen wird. Mit einem Wort, die mathematischen Gesetze haben für das Vorstellen nur so weit Gültigkeit, als die logischen. Vom psychologischen Standpunkte ist nun aber das Logische in meinem Denken nur eine thatsächliche, empirisch gegebene Naturanlage, die gerade so gut auch anders sein könnte. Erst für einen gewissen metaphysischen Standpunkt, wo die Welt realisirte logische Idee ist, wird die Herrschaft des logischen Gesetzes ein

Absolutes, Unumstössliches, das nur durch Kreuzung verchiede-
ner thatsächlich logischer Strömungen im Gebiet des Realen eine
Störung hinsichtlich seiner bewussten nachbildlichen Erschei-
nungsform erleiden kann (Erkrankung des Organs des Bewusstseins). Von diesem metaphysischen Standpunkt aus (der nothwendiger Weise die Dinge an sich ebenso wie das Denken in
sich befasst) stellt sich allerdings das mathematische Gesetz als
ein apodiktisch Gewisses dar, aber nur unter Voraussetzung
dieses metaphysischen Standpunktes, der selbst keineswegs gewiss, sondern bloss eine durch Induction aus der
Erfahrung gewonnene Hypothese ist.

Insoweit hiernach Kant allein aus der apodiktischen Gewissheit die Apriorität der mathematischen Erkenntniss ableiten will
(weil Erkenntniss a posteriori nur Wahrscheinlichkeit geben könne),
so hat er sich im Mittel vergriffen. Das, worin das mathematische
(überhaupt das rein logische) Urtheil dem empirischen überlegen
ist, besteht vielmehr darin, dass ich in der Mathematik nur über die
formalen Verhältnisse eines an sich gleichgültigen Materials urtheile, das ich mir stets in derselben Weise reproduciren kann, wo dann also auch mein einmaliges Urtheil (bei
unverändertem Denkvermögen) immer gültig bleibt, wohingegen,
wenn ich in der Erfahrung über materiale Bestimmungen gegebener
Objekte urtheile, meine Urtheile natürlich nur so lange gültig
bleiben, als mir die Objekte in gleicher materialer Beschaffenheit gegeben werden. Während also die Fortdauer der Gültigkeit eines mathematischen Urtheils nur von der Fortdauer der
logischen Beschaffenheit des Denkvermögens abhängt, hängt die
Fortdauer der Gültigkeit eines empirischen Urtheils sowohl von
der Fortdauer der logischen Beschaffenheit des Denkvermögens, als
auch von der Fortdauer der Beschaffenheit der transcendenten Ursache der Wahrnehmung ab, welche letztere Fortdauer meistens ausserhalb des Bereichs meines Wissens liegt. Abgesehen von diesem
Unterschiede ist das materielle empirische Urtheil und das formale
logische oder mathematische Urtheil von einer ganz gleichen
logischen Nothwendigkeit für den actuellen Fall. Bei dem empirischen Urtheil erweckt nur der Wechsel der materialen Bestimmtheit des Objekts und die hiermit wechselnde Nothwendigkeit
für das mit dem Gesetz dieses Wechsels unbekannte Subjekt den

Schein der Zufälligkeit für die Dauer, während die Gleichgültig-
keit des stets identisch zu reproducirenden Materials der Nothwendigkeit des rein formalen mathematischen Urtheils eine gewisse Beständigkeit und Unabhängigkeit von der Zeit auch für
das Gefühl des Individuums verleiht. Ausserdem aber gilt das
empirische Urtheil nur für das singuläre Objekt, während das
formal-logische mathematische Urtheil für eine ganze Gattung von
Objekten gilt, eine Allgemeinheit, deren Grund Kant in keiner
Weise geahnt hat, den vielmehr meines Wissens erst v. Kirch-
mann nachgewiesen hat (in der Stetigkeit der die möglichen
zu einem Begriff gehörigen Figuren durchlaufenden Gedanken-
bewegung).

A priori ist also das mathematische Urtheil nicht wegen seiner doch nur sehr cum grano salis zu verstehenden apodiktischen
Gewissheit, sondern wegen seiner rein logischen For-
malität. Da es gar kein materiales Prädicat irgend einem Objekte beilegt, sondern nur formale Verhältnisse, die sich innerhalb der concreten Bestimmungen der logischen Kategorie der
Quantität bewegen, logisch bestimmt, so ist es seiner Entstehung
nach allerdings a priori, weil eben jede formal logische
Synthese eine apriorische Function des Verstandes
ist. Trotzdem ist diese Apriorität des mathematischen Urtheils
also solche nicht im Bewusstsein, sondern nur das Gefühl der
Nothwendigkeit des Geurtheilten, welches a posteriori vom
Bewusstsein percipirt und erkannt wird.

Räume ich Kant nun auch willig die Thatsache ein, dass
das mathematische Urtheil ein synthetisches Urtheil a priori ist,
so kann ich doch nicht zugeben, dass diese Synthesen nicht auf
allen Gebieten der Mathematik so sehr in ihre Elemente zerlegt
werden könnten, dass man zuletzt alle mathematischen Synthesen
aus Minimalschritten wie z. B. wiederholten Anwendungen des
Satzes vom Widerspruch erbauen könnte. (So um ein Kant'sches
Beispiel zu nehmen, kann man sehr wohl aus der Definition der
geraden Linie, — dass sie bei Drehung um zwei ihrer Punkte
mit keinem ihrer Punkte ihre bisherige Lage verlässt, — den Satz
nachweisen, dass sie der kürzeste Weg zwischen zwei Punkten
sei, so wie umgekehrt aus diesem als Definition zu Grunde ge-
legten Satz jenen oberen, und man braucht diese Kluft nicht,

wie Kant glaubt, mit einem einzigen Satze zu bewältigen). Es liegt nur ein solches Bedürfniss für die ersten Anfänge der Mathematik nicht vor, weil dort das Material einfach genug ist, um auch ungeübten Köpfen logische Synthesen von etwas grösserer Spurweite zumuthen zu können. Doch dies nur beiläufig.

Mit der Apriorität des mathematischen synthetischen Urtheils ist nun aber noch nicht das Allergeringste bewiesen für die Apriorität des gleichgültigen Materials, an welchem diese logischen Synthesen vollzogen werden. Ob dieses Material a posteriori oder a priori gegeben sei, erscheint hier als vollkommen gleichgültig, da nur von der logischen Synthese, in welcher Anschauung und Begriff verbunden werden, eine Apriorität nachgewiesen ist, insofern sie spontane logische Function des Verstandes an einem gegebenen Stoffe ist. Der Stoff ist so gleichgültig, dass man für die Beispiele der Logik gewöhnlich recht rohe empirische Begriffe oder Vorstellungen zu wählen pflegt (z. B. Eine Gans hat zwei Beine u. s. w.), Kant aber verwechselt die Apriorität der Synthesis als logischer Function der Verknüpfung von Anschauung und Begriff (oder Begriff und Begriff) mit der Apriorität des zu verknüpfenden Vorstellungsmaterials, während doch die Synthesis eine und dieselbe bleibt, wenn nur das Material gegeben ist, gleichviel, ob es a priori oder a posteriori gegeben ist. So schreibt er z. B. folgenden Satz, der seine Verwirrung recht klar hervortreten lässt: „Wäre nämlich diese Vorstellung des Raums ein a posteriori erworbener Begriff, der aus der allgemeinen Erfahrung geschöpft wäre, so würden die ersten Grundsätze der mathematischen Bestimmungen nichts als Wahrnehmungen sein." So gewiss die Apriorität der Raumvorstellung nicht hindern würde, dass die mathematischen Grundsätze a posteriori der Erfahrung entnommen wären, so gewiss könnte eine Aposteriorität der Raumvorstellung nicht hindern, dass die mathematischen Grundsätze dieselbe a priori mit den betreffenden Begriffen verknüpfen.

Wir sind mit unserer Kritik zu Ende. Von allen Gründen Kant's hat auch nicht Einer sich bewährt. Es ist nicht nöthig, nach Widerlegung der fünf Punkte noch auf die „Schlüsse aus diesen Begriffen" einzugehen, da sie mit ihrer Grundlage von

selbst fallen, und da dasjenige, was in ihnen zur Erläuterung und
Unterstützung der Gründe dient, schon gelegentlich vorweggenommen worden ist.

Ebenso erscheint es überflüssig, das hier über den Raum Gesagte noch einmal bei der Zeit zu wiederholen, zumal da Kant zugiebt, dass die Einsicht in die Richtigkeit seiner Behauptungen in
Betreff des Raumes noch leichter zu gewinnen sei, als in die der
Zeit (46), wonach also der Nachweis der Untriftigkeit seiner Darlegungen beim Raume schwieriger sein muss, als bei der Zeit,
so dass wir demnach die schwierigere Leistung vollbracht haben.

Es zeigt sich, dass die Besorgniss, die Betrachtungen des
siebenten Abschnittes könnten durch Kant's transcendentale Aesthetik erschüttert werden, unbegründet war. Wie die unentbehrliche
Hypothese der transcendenten Ursache in erster Reihe die exclusiven Behauptungen der transcendentalen Analytik auf ihr der
Wirklichkeit entsprechendes Maass zurückgeführt haben, so in
zweiter Reihe diejenigen der transcendentalen Aesthetik.

Es ist die (von der gesammten modernen Naturwissenschaft
adoptirte) instinctive Ansicht des einmal über den Unterschied
des Dinges und der Vorstellung aufgeklärten natürlichen Menschenverstandes, dass die wirkliche Welt eine Welt an sich (d. h.
unabhängig vom Subjekt) seiender Dinge ist, dass diese „da
draussen ganz objektiv real und ohne unser Zuthun vorhandene"
Welt den Raum in seinen drei Dimensionen erfüllt, und im gesetzmässigen Gange zeitlicher Causalität und in von uns a priori
anzugebenden formal-logischen Beziehungen sich bewegt, dass
endlich diese wirkliche Welt theilweise vermittelst der Sinnesempfindung in unserem Intellect ein ihr mehr oder minder ähnliches subjektives Abbild hervorruft, durch welches wir bei gehöriger kritischer Vorsicht im Stande sind, mehr und mehr von
der wirklichen Welt mittelbar zu erkennen. Schopenhauer erklärt, dass „man von allen Göttern verlassen sein müsse" (4f.
Wurzel S. 51), um diese Ansicht hegen zu können; das Resultat
unserer Untersuchungen ist, dass der dogmatische Glaube des
theoretischen Instinctes von allen guten Göttern der unbewussten
Intuition geleitet sein muss, um gerade dasjenige blindlings
für wahr zu halten, was die besonnene kritische Forschung spät

nachhen nach langen, wunderlichen Irrfahrten als das einzig Wahrscheinliche und zugleich höchst Wahrscheinliche ausweist. Es tritt hiernach an Stelle der von Kant behaupteten Unerkennbarkeit des Dinges an sich eine mittelbare Erkennbarkeit desselben. Die Erkenntnisstheorie kann sich mit dem Nachweis der Anwendbarkeit der Kategorien und der Räumlichkeit und Zeitlichkeit auf das Ding an sich begnügen, denn sie liefert hiermit einerseits der Metaphysik, andererseits der Naturwissenschaft eine gesicherte Basis, auf der diese Disciplinen weiterbauen können. Wenn Kant das Gebiet unserer theoretischen Erkenntniss ausschliesslich auf die Erfahrung anweist, so ist dies richtig, insoweit die Erfahrung als ausschliessliches Fundament für alle zu errichtenden Inductionsreihen gefordert wird; es ist falsch, falls jede theoretische Erkenntniss dadurch ausgeschlossen werden soll, welche über das Gebiet der subjektiven Erscheinung hinausgeht, da vielmehr mit einer solchen die Erkenntniss überhaupt erst anfängt. Die Schranken, welche Kant durch seinen negativen Grenzbegriff eines unerkennbaren Dinges an sich der menschlichen Erkenntniss gezogen haben wollte, sind nichtig und hinfällig; mit Vorhaltung dieser Schranken den höher und höher strebenden Forschergeist wiederum in die Enge der Subjektivität bannen wollen, kann heutzutage nur noch derjenige, welcher die Beschränktheit dieser Kantischen Schrankensetzung nicht begriffen hat. Für diejenigen aber, welche es heute noch unternehmen wollen, metaphysische Behauptungen a priori zu construiren, behält Kant's Hinweis auf die Erfahrung als einzige Quelle materialer Erkenntnisse ihre volle Bedeutung, und dies ist es, was die empirische Schule des modernen Realismus mit stets erneuerter Pietät auf Kant blicken lässt, der zuerst in Deutschland diesen Satz aufgestellt und verfochten hat.

Druck von Gebr. Unger (Th. Grimm) in Berlin, Friedrichsstrasse 24.

Inhalt.

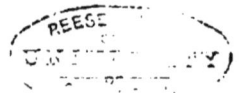